相続税相談所

気になる方は
ご遠慮なく
お立ち寄りください。

平田久美子 著

中央経済社

プロローグ

ようこそ、いらっしゃいました。ここは、『相続税相談所』です。

所長の私が新人スタッフの翼君を仕込みつつ、相続や贈与の税金に関する疑問にズバズバお答えします。

いろいろな方々が相続税で悩まれていることでしょう。

基礎控除の引下げにより、4千万円前後の財産をもたれている方が、ケースによっては、納税者になることになったのですから、まず、この層の方々は気が気ではないでしょう。

以前であれば、相続や相続税で悩む方は、大富豪と相場が決まっていました。しかし、最近ではスモールリッチな方々が大いに悩み、大富豪は相続税専門の税理士にすべてお任せといったケースが多いようですね。

さて、

① ご自分で相続税の申告をしてみようと思っている方

② 将来に向け、生前贈与や相続に関する税金を知っておきたいと思っている方
③ 法人税が専門なのに、最近やたらと相続税の質問を受けることの多い税理士の方
④ ただ単に、相談所で何を教えてくれるかが気になる方

など、とにかく相続税が気になる方なら、ご遠慮なくお立ち寄りください。

では、いよいよ、『相続税相談所』をオープンしましょう。

さぁ、どうぞ。

まず、最初の相談者が「小規模宅地等の特例」の対象者なので、この方の事例をもとに簡単な相続税申告書の書き方を一通りお教えします。

その後、さまざまなシーンごとでよくある質問にお答えします。

そして、最後に、おさらいとして、相続税申告書を書いてみましょう。

「相続税相談所」目　次

［ちょっと堅いけど、チェックしておきたい所長の耳より情報］

第2編　相続税の申告書を書いてみよう・173

第1編

さまざまなシーンでよくある相続税の質問

第1話　小規模宅地等の特例　税金ゼロでも申告は必要

所長　今日の相談者はどんな方？

翼君　え〜と、今日は、お父上が亡くなって、税金を納めなきゃならないのかどうか、聞きたいという相続人の方です。なんでも自宅の名義を変更しようと司法書士さんに相談したところ、相続税の申告が必要なんじゃないの？　って言われたそうです。

所長　相続税の申告が必要な人が平成27年から劇的に増えたからねぇ。お住まいの場所によっては、財産が自宅だけでも申告が必要になるかもしれないわね。それでも、うまくすれば納税はしなくていいかもしれない。

翼君　センセ、劇的に増えた、ってあれですよね。相続税の基礎控除が縮小されたってことですよね。

でも申告しておいて納税しないって、ひどくないですか？　そんなアドバイスしたら税理士クビになりませんか？　心配だな。

所長　自分の心配したほうがいいわよ。来年こそは期待しているわよ、税理士試験合格。

翼君　……さてと、お茶の準備でもしてくるとしよう。

所長の基礎講座

翼君が言っていた相続税の基礎控除の引下げというのは、平成27年1月1日以後に相続が発生した場合に適用される増税のお話です。

基礎控除というのは、相続税がかからない相続財産額の上限と考えてください。平成27年からは基礎控除の額がそれまでから4割も下がってしまったのです。相当思い切った増税ですね。

でも、相続税は、それまで96％の人には縁がない税金だったのです。どうしてそんなレア過ぎる税金になってしまったかというと、そうです、あのバブル時代、大きな扇子を持って、どんどん高いところへ……じゃなかった、地価の高騰ですよ。2倍、3倍と恐ろしい勢いで上昇しましたよね、あれ？　知らないの？……イラッ。

まあ、とにかくですね、そんな異常な状態だったので、相続税の基礎控除が引き上げられたのです。でもね、そのすぐ後に突然のバブル崩壊、その後も長引いた不況のために、いったん引き上げられた基礎控除が、土地の暴落低迷にもかかわらず据え置かれ、その結果、一部の資産家にしか縁のないレアな税金制度になってしまった、というわけ。

そこで、平成27年以後の相続から、ようやく基礎控除を引き下げたということです。

それが次の計算式で、亡くなった人に法定相続人がたくさんいるほど、基礎控除が高くなる仕組みなんですね。

[地価公示指数の推移と相続税の改正]

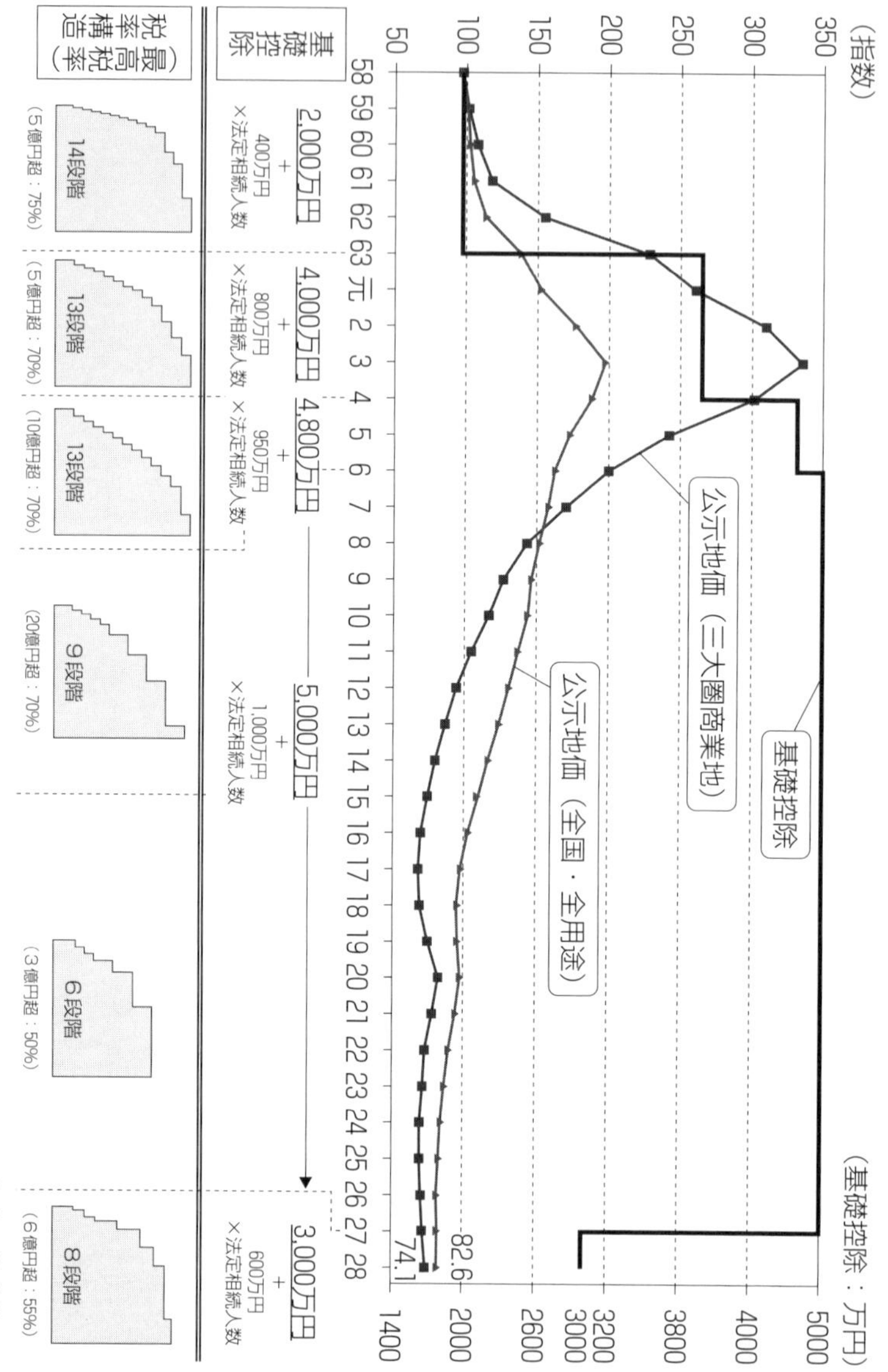

出典・財務省HP

基礎控除：3,000万円＋法定相続人の数×600万円

法定相続人の数	1人	2人	3人	4人	5人
基礎控除	3,600万円	4,200万円	4,800万円	5,400万円	6,000万円

ですから法定相続人が誰なのか、何人いるのかがわからないと基礎控除の金額は出せません。ここで民法の登場です。

相続人は、配偶者と一定範囲の血族に限られています。配偶者は常に相続人で結婚年数の制限もありません。ただし、入籍をしていることが条件。内縁関係は含まれません。

血族については相続人になれる順番も次のように決まっています。

①　**第１順位**

子（子が被相続人の死亡の前に死亡している場合には、子の子（被相続人の孫）。孫も亡くなっている場合には孫の子（曾孫）。以下同じ。これを代襲相続人といいます）。

②　**第２順位**

第１順位の血族がいない場合には、被相続人の親（直系尊属）。親がすでに亡くなっている場合には、祖父母。この場合の祖父母は、代襲相続人とはいいません。直系尊属として、ひとくくりです。

③　**第３順位**

第２順位の血族もいない場合には、被相続人の兄弟姉妹が相続人になります。

兄弟姉妹が被相続人より先に亡くなっている場合には、その子（被相続人の甥姪）です。甥姪も亡くなっている場合には、甥姪の子、とはなりません。第3順位の代襲相続は一代限り、そこでストップです。

13ページのような親族図表を書いて名前を書き込むとわかりやすいですよ。

配偶者もいない、子もいない、もともと自分は一人っ子だった、親は既に他界、というケースも少なくありません。

最近は結婚していない人も増えていますので、今後は相続人がいない相続という問題も増えていくことでしょう。相続人が不存在の場合は、特別な手続きが必要で、最終的には財産は国庫に帰属することになります。

基礎控除の算式の法定相続人の数というのは、相続を放棄をした人の数も含めます。

相続を放棄した人というのは、相続の開始があったことを知った日（通常は死亡日）から原則3か月以内に家庭裁判所に放棄の申述書を提出した人のことです。

分割協議にあたって、単に「私は何も相続財産はいらないわ。」と宣言した人のことをいうのではありません。この点、ときどき誤解されている方に出会います。

それから、法定相続人の数の中に養子がいる場合は、14ページの上図のとおりとなります。

ここも誤解があるところですが、養子が複数いた場合、誰を基礎控除の数に含めるか、という

[親族図表（法定相続人・遺留分）]

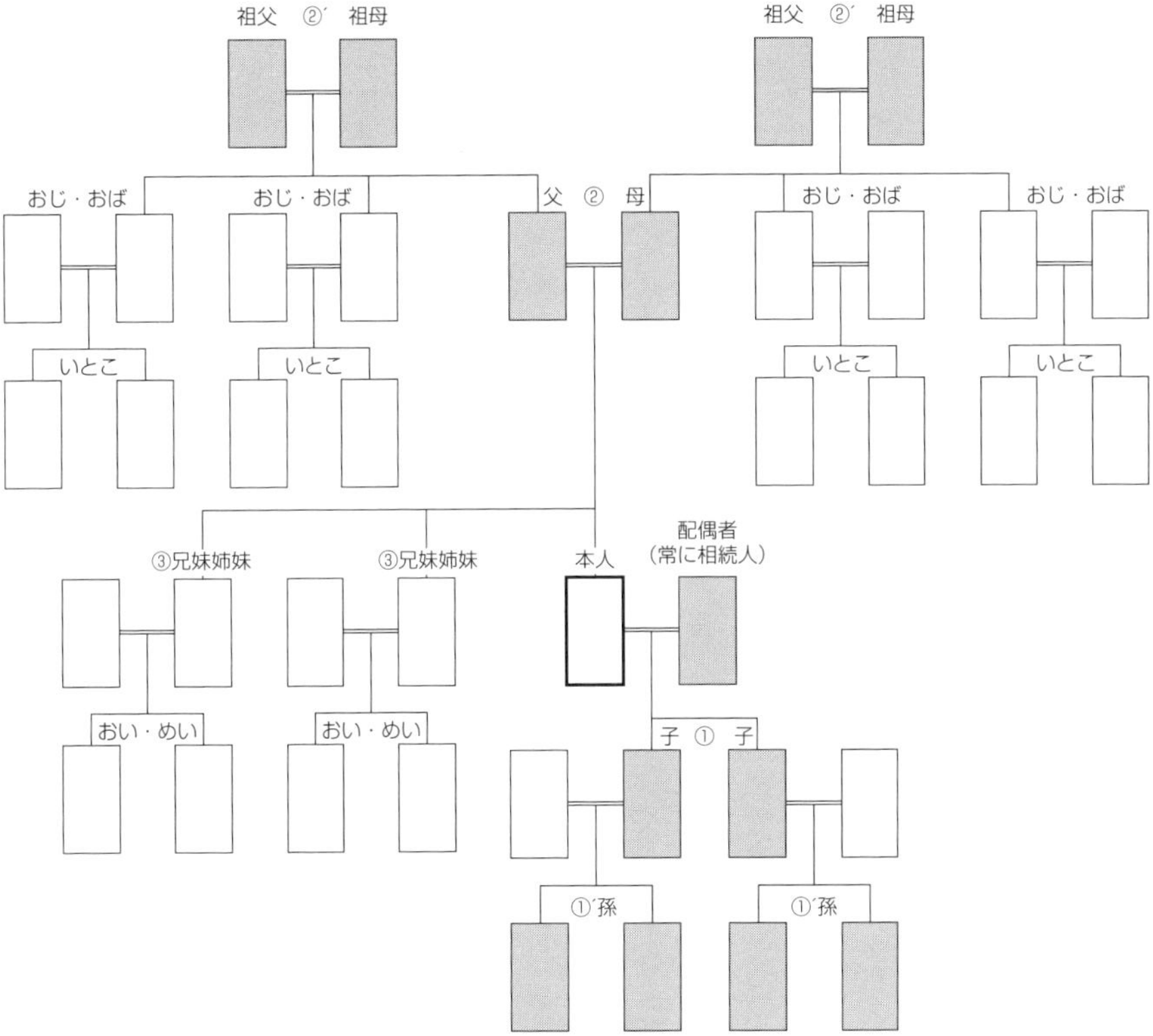

〈法定相続人〉
①：第１順位
①′：子が先に亡くなっている場合
②：第２順位
②′：父母が先に亡くなっている場合
③：第３順位

〈遺留分〉
網掛けした相続人には遺留分あり
（①′②′は子や父母が先に亡くなっている場合）

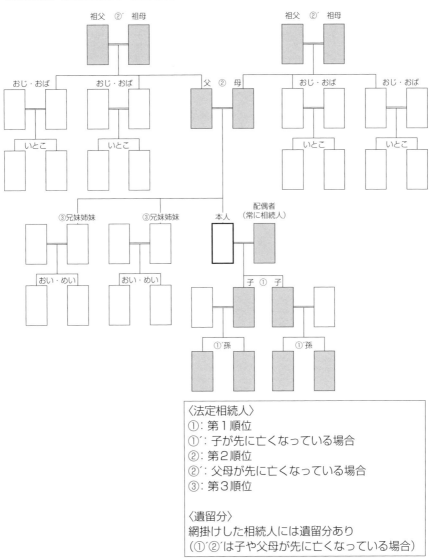

被相続人に実子がいる場合	養子の数を１とします。
被相続人に実子がいない場合	養子の数を２までとします。

（注）特別養子、配偶者の実子（つれ子）、実子等の代襲相続人は、実子とされるため、数の制限にかかりません。

ことで喧嘩する必要などはありません。基礎控除の額などを求める際の法定相続人の数の問題で、当然養子全員に相続の権利があります。

鈴木さん　今日は相続税の無料相談していただけるってことで、ありがとうございます。

所長　いや。別に無料って言ってないんですけど……。

鈴木さん　お電話で相談したとおり、父（鈴木太郎）が去年12月に96歳で亡くなりまして。母親は先に逝ってて、私には兄弟もないので、こうなるとやっぱり寂しいもんですわ。

まあ長生きしてもらったおかげで、親孝行もできたかな、と思っているんですが、病院だとか介護だとか、なんだかんだお金がかかりましてね、亡くなった預金口座を調べたら、２００万円くらいしか残ってなかったんですよ。

さすが親父、自分の葬式費用（１６０万円）は確保しておいてくれたんだ、ってほっとしたんですけどね。相続税がかかるかもしれないって言われて、焦りまして。遺産って言ったって、私が一緒に住んでいた自宅１棟だけですからね。売ったらご先祖様に申し訳ないし、第一私が住むとこなくなっちゃうし、弱ったなあと。ひとつよろしくお願いします。

所長　それはお寂しいですね。ご愁傷様です。相続税がかかるかもしれないと言われたということですね。わかりました。とりあえず、遺産はご自宅と預金２００万円、という前提でお話をしましょうね。

鈴木さん　はい、それで試算するとどうなりますか？

所長　ご自宅は、東京都杉並区〇〇町１丁目××。このあたりは、土地の価額が高いですからね。路線価は、１㎡あたり30万円。40坪ですね。

ということはざっと見てご自宅の評価額は、３、９６０万円。それに預金の２００万円を加えると、４、１６０万円、そこからお葬式費用１６０万円を引いたら、純財産は４、０００万円です。

相続人は鈴木さんお一人ですから、はい、ほかに借金とかの債務がなければこれで基礎控除（３、０００万円＋６００万円×１人＝３、６００万円）を超えますね。

亡くなった日の翌日から数えて10か月以内に相続税の申告が必要です。

鈴木さん　どうしよう。もうお金なんてないですよー。

所長　申告が必要だって言ってるだけで、納税しなきゃとは言ってませんよ。

鈴木さん　と、いうことは、脱税ですな？

所長　違いますよ。自宅は相続税評価の上で軽減されているのですよ。税金は居住に対して優しいのです。なので、自宅に小規模宅地等の特例を使えば、基礎控除以下になるってことです。

鈴木さん　は？　基礎控除を超えなければ申告もいらないんじゃ？

所長　それが，そうではないのです。小規模宅地等の特例を使って基礎控除以下になる人は，それがわかるように申告することが必要なんです。だから申告すれども納税なし。面倒かとは思いますが，私にたっぷり報酬を払ってもらえれば申告を代理できますよ。

鈴木さん　税金いらないのに税理士に報酬払うって腑に落ちないけど，仕方ないか，難しそうだし。

所長　そうですよ，難しいんです。どれだけ難しいかというと〜。

所長の申告書の書き方講座

鈴木さんの相続財産がご自宅と預金２００万円だけであった場合の相続税の申告書の書き方を見ていきましょう。

申告書は税務署の窓口でもらえますが，国税庁のホームページからダウンロード（https://www.nta.go.jp/tetsuzuki/shinsei/annai/sozoku-zoyo/annai/h28.htm）すればわざわざ足を運ばなくてもいいですね。

相続税申告書は第1表から第15表までありますが，鈴木さんの場合に必要なものは，**第１表，２表，11表，11・11の２表の付表１，13表，15表**，それと**「土地及び土地の上に存する権利の評価明細書（第１表）」**（長いので次から「土地評価明細書」っていいます）です。

まずは相続税の申告書の**第１表**、ここに、亡くなった鈴木さんのお父様（被相続人）の名前、生年月日、住所、職業を書きます。その横は、鈴木さん自身の名前、住所、生年月日、職業、電話番号と続柄（この場合、長男）を書きます。

ここでいったん、第1表は置いておいて、**土地評価明細書**に記入をすることにします。

所在地（法務局で土地の謄本（全部事項証明書）を入手して正確な地番を記載しましょう）、面積（これは測量をしていれば測量後の面積です。土地の謄本や固定資産税課税台帳より実測面積が増えている（縄延び）ケースがありますが、相続税評価では、正確な面積がわかればそれを記載します）。

次に、この土地の評価額がいくらなのか計算しましょう。土地の評価は、路線価方式と倍率方式があります。路線価方式は、市街地的形態を形成する地域にある宅地、倍率方式は、それ以外の地域に定められた評価方法です。路線価というのは、その道路に面する標準的な宅地の1㎡あたりの価格（公示価格のおよそ80％に相当します）です。

土地がどちらの評価方法によるかは、国税庁のホームページの評価倍率表を調べる必要があります。

東京都杉並区の該当地は、都区内全域が路線と書いてありますね（23ページの倍率表）、これは路線価方式によるということです。（ちなみに、ここに1・1とか1・2とかの数字が記載されていた場合は、倍率方式だということになり、具体的には、固定資産税評価額にその倍率を乗

被相続人の死亡の時の住所地の所轄税務署を記入します。

相続開始日（死亡日）を記入します。

被相続人の氏名・生年月日・年齢・住所・職業を記入します。

認印を押します（実印である必要はありません）。

相続人の氏名・生年月日・相続開始日における年齢・住所・電話番号・続柄・職業を記入します。

取得原因に◯をします。

相続人の個人番号（マイナンバー）を記入します。

第11表～14表から転記し、課税価格を⑥に記入します。

あん分割合は、相続人全員の割合の合計が1.00になるように小数点以下２位未満の端数を調整します。

荻窪 税務署長

年　月　日提出

相続税の申告書

FD3555

相続開始年月日 XX年XX月XX日　　※申告期限延長日　年　月　日

○フリガナは、必ず記入してください。

	各人の合計	財産を取得した人
フリガナ	(被相続人) スズキ タロウ	スズキ ○○
氏名	鈴木太郎	鈴木 ○○ 印
個人番号又は法人番号		↓個人番号の記載に当たっては、左端を空欄としここから記載してください。 XXXXXXXXXXXX
生年月日	大正XX年XX月XX日（年齢XX歳）	昭和XX年XX月XX日（年齢XX歳）
住所（電話番号）	東京都杉並区○○1丁目XX	〒166-0000 東京都杉並区○○1丁目XX（03－XXXX－XXXX）
被相続人との続柄／職業	無職	長男／無職
取得原因	該当する取得原因を○で囲みます。	(相続)・遺贈・相続時精算課税に係る贈与
※整理番号		
課税価格の計算 ① 取得財産の価額（第11表③）	13383900 円	13383900 円
② 相続時精算課税適用財産の価額（第11の2表1⑦）		
③ 債務及び葬式費用の金額（第13表3⑦）	1797000	1797000
④ 純資産価額（①＋②－③）（赤字のときは0）	11586900	11586900
⑤ 純資産価額に加算される暦年課税分の贈与財産価額（第14表1④）		
⑥ 課税価格（④＋⑤）（1,000円未満切捨て）	11586000 Ⓐ	11586000
各人の算出税額の計算 法定相続人の数／遺産に係る基礎控除額	1人　36000000 円 Ⓑ	左の欄には、第2表の②欄の⑬の人数及び㋭の金額を記入します。
⑦ 相続税の総額	00	左の欄には、第2表の⑧欄の金額を記入します。
⑧ 一般の場合（⑩の場合を除く） あん分割合（各人の⑥／Ⓐ）	1.00	1.00
⑨ 算出税額（⑦×各人の⑧）	円	円
⑩ 農地等納税猶予の適用を受ける場合 算出税額（第3表⑬）		
⑪ 相続税額の2割加算が行われる場合の加算金額（第4表1⑥）	円	円
各人の納付・還付税額の計算 税額控除 ⑫ 暦年課税分の贈与税額控除額（第4表の2㉗）		
⑬ 配偶者の税額軽減額（第5表㋑又は㋺）		
⑭ 未成年者控除額（第6表1②、③又は⑥）		
⑮ 障害者控除額（第6表2②、③又は⑥）		
⑯ 相次相続控除額（第7表⑬又は⑱）		
⑰ 外国税額控除額（第8表1⑧）		
⑱ 計		
⑲ 差引税額（⑨＋⑪－⑱）又は（⑩＋⑪－⑱）（赤字のときは0）		
⑳ 相続時精算課税分の贈与税額控除額（第11の2表⑧）	00	00
㉑ 医療法人持分税額控除額（第8の4表2B）		
㉒ 小計（⑲－⑳－㉑）（黒字のときは100円未満切捨て）		
㉓ 農地等納税猶予税額（第8表2⑦）	00	00
㉔ 株式等納税猶予税額（第8の2表2⑩）	00	00
㉕ 山林納税猶予税額（第8の3表2⑧）	00	00
㉖ 医療法人持分納税猶予税額（第8の4表2A）	00	00
㉗ 申告納税額（㉒－㉓－㉔－㉕－㉖） 申告期限までに納付すべき税額	00	00
㉘ 還付される税額	△	△

※税務署整理欄　申告区分　年分　グループ番号　補完番号　名簿番号　申告年月日　検印　管理補完　確認

作成税理士の事務所所在地・署名押印・電話番号　印

□ 税理士法第30条の書面提出有

□ 税理士法第33条の2の書面提出有

○この申告書は機械で読み取りますので、黒ボールペンで記入してください。また、申告書と添付資料を一緒にとじないでください。

※の項目は記入する必要がありません。

第1表（平成28年分以降用）

（注）㉒欄の金額が赤字となる場合は、㉒欄の左端に△を付してください。なお、この場合で、㉒欄の金額のうちに贈与税の外国税額控除額（第11の2表⑨）があるときの㉘欄の金額については、「相続税の申告のしかた」を参照してください。

※税務署整理欄　通信日付印　年月日　確認者印

（資4－20－1－1－A4統一）第1表（平28.9）

地番を記入します。

路線価図から路線価と地区区分を確認して記入します。

利用区分に◯を付けます。
自宅として使っている場合は自用地に◯を付けます。

奥行価格補正率表から転記します。

奥行価格補正率表

地区区分／奥行距離m	ビル街	高度商業	繁華街	普通商業・併用住宅	普通住宅	中小工場	大工場
4未満	0.80	0.90	0.90	0.90	0.90	0.85	0.85
4以上6未満		0.92	0.92	0.92	0.92	0.90	0.90
6 〃 8 〃	0.84	0.94	0.95	0.95	0.95	0.93	0.93
8 〃 10 〃	0.88	0.96	0.97	0.97	0.97	0.95	0.95
10 〃 12 〃	0.90	0.98	0.99	0.99	1.00	0.96	0.96
12 〃 14 〃	0.91	0.99	1.00	1.00		0.97	0.97
14 〃 16 〃	0.92	1.00				0.98	0.98
16 〃 20 〃	0.93					0.99	0.99
20 〃 24 〃	0.94					1.00	1.00
24 〃 28 〃	0.95				0.97		
28 〃 32 〃	0.96		0.98		0.95		
32 〃 36 〃	0.97		0.96	0.97	0.93		
36 〃 40 〃	0.98		0.94	0.95	0.92		
40 〃 44 〃	0.99		0.92	0.93	0.91		
44 〃 48 〃	1.00		0.90	0.91	0.90		
48 〃 52 〃		0.99	0.88	0.89	0.89		
52 〃 56 〃		0.98	0.87	0.88	0.88		
56 〃 60 〃		0.97	0.86	0.87	0.87		
60 〃 64 〃		0.96	0.85	0.86	0.86	0.99	
64 〃 68 〃		0.95	0.84	0.85	0.85	0.98	
68 〃 72 〃		0.94	0.83	0.84	0.84	0.97	
72 〃 76 〃		0.93	0.82	0.83	0.83	0.96	
76 〃 80 〃		0.92	0.81	0.82			
80 〃 84 〃		0.90	0.80	0.81	0.82	0.93	
84 〃 88 〃		0.88		0.80			
88 〃 92 〃		0.86			0.81	0.90	
92 〃 96 〃	0.99	0.84					
96 〃 100 〃	0.97	0.82					
100 〃	0.95	0.80			0.80		

東京国税局(所)	荻窪 署
28 年分	62XXX ページ

土地及び土地の上に存する権利の評価明細書（第１表）

（平成十六年分以降用）

（住居表示）（ ） 所在地番 東京都杉並区○○1丁目XX	所有者	住所（所在地） 東京都杉並区○○1丁目XX 氏名（法人名） 鈴木太郎	使用者	住所（所在地） 氏名（法人名）	

地目	地積	路線価 正面	路線価 側方	路線価 側方	路線価 裏面	地形図及び参考事項
(宅地) 原野 田 雑種地 畑 山林［ ］	132.00 ㎡	300,000 円	円	円	円	

間口距離 16.5 m	利用区分	(自用地) 貸家建付借地権 貸宅地 転貸借地権 貸家建付地 転借権 借地権 借家人の有する権利 私道（ ）	地区区分	ビル街地区 (普通住宅地区) 高度商業地区 中小工場地区 繁華街地区 大工場地区 普通商業・併用住宅地区
奥行距離 8 m				

自用地1平方メートル当たりの価額			
1 一路線に面する宅地 （正面路線価）（奥行価格補正率） 300,000 円 × 0.97	（1㎡当たりの価額）円 291,000	A
2 二路線に面する宅地 （A） ［側方・裏面 路線価］（奥行価格補正率）［側方・二方 路線影響加算率］ 円 ＋（ 円 × . × 0. ）	（1㎡当たりの価額）円	B
3 三路線に面する宅地 （B） ［側方・裏面 路線価］（奥行価格補正率）［側方・二方 路線影響加算率］ 円 ＋（ 円 × . × 0. ）	（1㎡当たりの価額）円	C
4 四路線に面する宅地 （C） ［側方・裏面 路線価］（奥行価格補正率）［側方・二方 路線影響加算率］ 円 ＋（ 円 × . × 0. ）	（1㎡当たりの価額）円	D
5-1 間口が狭小な宅地等（AからDまでのうち該当するもの）（間口狭小補正率）（奥行長大補正率） 円 ×（ . × . ）	（1㎡当たりの価額）円	E
5-2 不整形地 （AからDまでのうち該当するもの） 不整形地補正率※ 円 × 0. ※不整形地補正率の計算 （想定整形地の間口距離）（想定整形地の奥行距離）（想定整形地の地積） m × m ＝ ㎡ （想定整形地の地積）（不整形地の地積）（想定整形地の地積）（かげ地割合） （ ㎡ － ㎡）÷ ㎡ ＝ ％ （不整形地補正率表の補正率）（間口狭小補正率）（小数点以下2位未満切捨て） 0. × . ＝ 0. ① （奥行長大補正率）（間口狭小補正率） . × . ＝ 0. ② ［不整形地補正率（①、②のいずれか低い率、0.6を限度とする。）］ 0.	（1㎡当たりの価額）円	F
6 無道路地 （F） （※） 円 ×（ 1 － 0. ） ※割合の計算（0.4を限度とする。） （正面路線価）（通路部分の地積）（F）（評価対象地の地積） （ 円 × ㎡）÷（ 円 × ㎡）＝ 0.	（1㎡当たりの価額）円	G
7 がけ地等を有する宅地 〔南、東、西、北〕 （AからGまでのうち該当するもの）（がけ地補正率） 円 × 0.	（1㎡当たりの価額）円	H
8 容積率の異なる2以上の地域にわたる宅地 （AからHまでのうち該当するもの）（控除割合（小数点以下3位未満四捨五入）） 円 ×（ 1 － 0. ）	（1㎡当たりの価額）円	I
9 私道 （AからIまでのうち該当するもの） 円 × 0.3	（1㎡当たりの価額）円	J

自用地の評価額	自用地1平方メートル当たりの価額（AからJまでのうちの該当記号）	地積	総額（自用地1㎡当たりの価額）×（地積）	
	（A） 291,000 円	132.00 ㎡	38,412,000 円	K

（注）1 5−1の「間口が狭小な宅地等」と5−2の「不整形地」は重複して適用できません。
2 5−2の「不整形地」の「AからDまでのうち該当するもの」欄の金額について、AからDまでの欄で計算できない場合には、（第2表）の「備考」欄等で計算してください。
3 広大地を評価する場合には、（第2表）の「広大地の評価額」欄で計算してください。

（資4−25−1−A4統一）

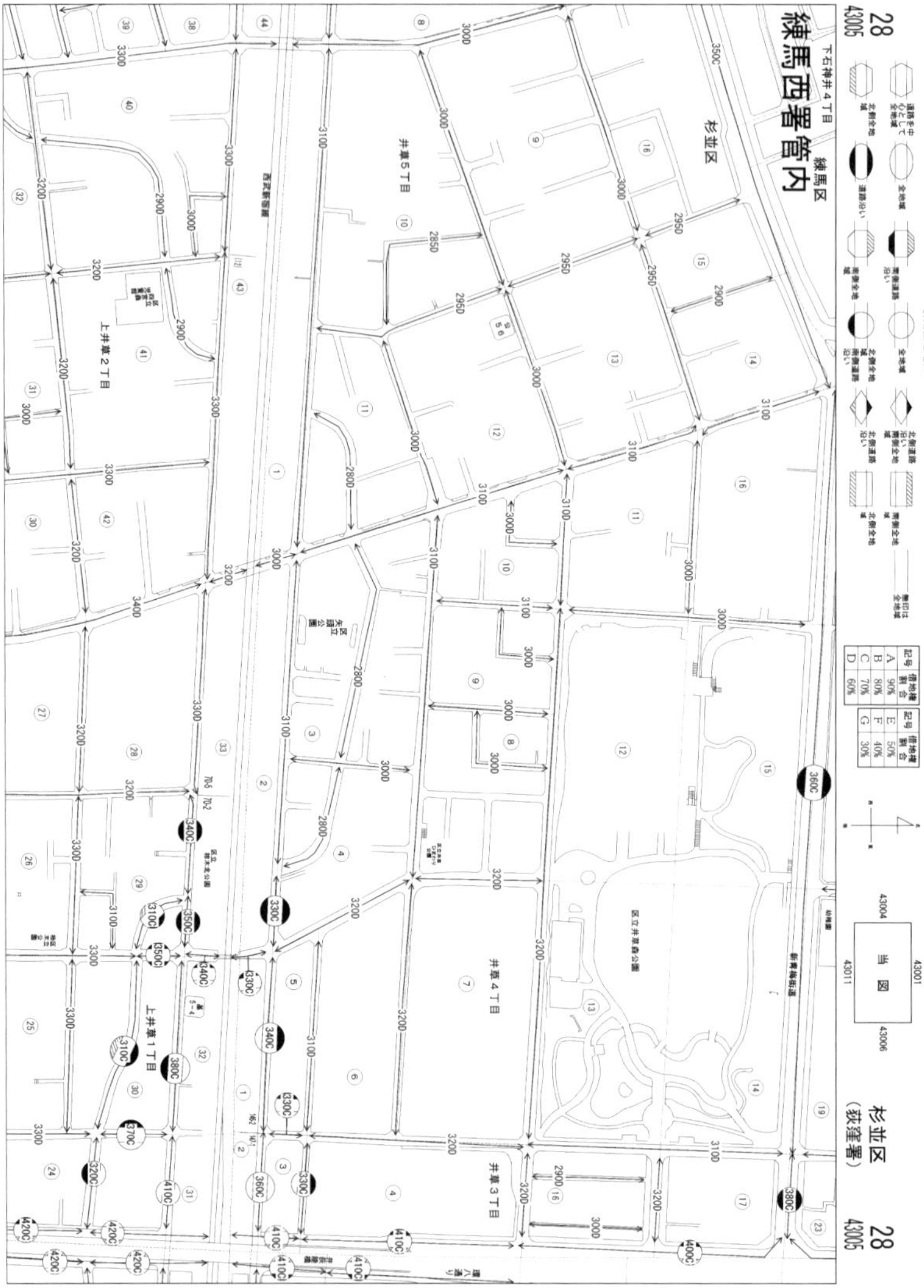
28
43005
練馬区
練馬西署管内
杉並区
（荻窪署）

平成28年分　　倍　率　表

音順	町（丁目）又は大字名	適用地域名	借地権割合	固定資産税評価額に乗ずる倍率等						
				宅地	田	畑	山林	原野	牧場	池沼
			%	倍	倍	倍	倍	倍	倍	倍
	都区内全域	全域	－	路線	比準	比準	比準	比準	－	－

【参考】

平成28年分　倍率表

市町村名：青梅市　　　　青梅税務署

音順	町（丁目）又は大字名	適用地域名	借地権割合	固定資産税評価額に乗ずる倍率等						
				宅地	田	畑	山林	原野	牧場	池沼
			%	倍	倍	倍	倍	倍	倍	倍
あ	天ヶ瀬町	市街化調整区域	40	1.1	中　17	中　30	純　10	純　10		
		市街化区域	－	路線	比準	比準	比準	比準		
い	今井１丁目	市街化調整区域	40	1.2	中　17	中　23	中　17	中　17		
		市街化区域	－	路線	比準	比準	比準	比準		
	今井２丁目	市街化調整区域								
		1　農業振興地域内の農用地区域			純　13	純　16				
		2　上記以外の地域	50	1.1	中　17	中　24	中　31	中　31		
		市街化区域	－	路線	比準	比準	比準	比準		
	今井３丁目	全域	－	路線	比準	比準	比準	比準		
	今井４・５丁目	農業振興地域内の農用地区域			純　13	純　16				
		上記以外の地域								
		1　主要地方道44号線	50	1.2	中　17	中　22	中　73	中　73		

じて評価します）。

路線価図は、普通の地図と違っていて見にくいと思いますが、なんとか住宅地図と見比べながら、場所を探してください。

道路に数字が書いてありますでしょ。数字は、その道路（路線）に面している宅地等の１㎡あたりの単価を表しています。ここでは３００Ｄと書いてありますね。Ｄはとりあえずここでは気にしないで、３００ですが、これ千円単位です。なので、ここの宅地は１㎡あたり30万円ってことです。

さきほど概算ということで、30万円に土地の面積をかけましたが、詳しくは、路線に対しての奥行きの距離や、形状によって調整が図られます。

今回は整形地（路線に対して長方形）ですので形状の補正はありません。奥行きの補正だけ見ていきますね。まずは、路線に面している距離（間口といいます）を計測します。できれば実際に現地で測るといいのですが、法務局で地積測量図が入手できればそれで、なければ公図（地積更正が終わった５００分の１のものであれば特に安心）に定規を当てて倍率を乗じて計算する方法もあります。間口は16・５ｍですね。

次に前面道路から直角に見た奥行きの距離ⓐと面積÷間口ⓑのいずれか小さい方を土地評価明

細書の奥行距離の欄に記入します。整形地であれば、両者は一致しますからこの場合８ｍです。

また、もう一度路線価図を見ましょう。今度は、左上欄外の表記を見てください。路線価に四角や丸の囲いがある場合やない場合によって地区の区別がわかるようになっています。

この路線の路線価には何も囲いはありませんので、普通住宅地区ということになります。

さて、ここで、「奥行価格補正率表」を使います。この表の「普通住宅地区」欄で、奥行きが８ｍ以上10ｍ未満の行をみると、０・97と書いてあります。つまりこの土地は、奥行き距離の補正として０・97倍、つまり３％引いてあげます、ということです。

ということで、１㎡あたり30万円が２９１、０００円になりました。これに面積を掛けたらこの土地評価明細書は終了です。

ここまでが小規模宅地等の特例を使う前の土地の評価です。計算すると、３８、４１２、０００円。高いでしょ。このままでは相続税の納税も必要になってしまうので、特例の計算に移ります。

小規模宅地等についての課税価格の計算明細書（第11・11の２表の付表１）を見てくださいね。

このうち、居住用の特例計算のところに数字を埋めていきます。

⑧（７、６８２、４００円）が特例計算を適用した後の土地の評価額となります。ずいぶん少なくなりましたね。なんと言っても約１００坪（３３０㎡）までは80％引きですから。これ使えると使えないでは雲泥の差です。亡くなった人が住んでいた土地なら無条件に使えるかというとそ

小規模宅地等の特例の対象になり得る宅地等（特定居住用宅地等、特定事業用宅地等、特定同族会社事業用宅地等、貸付事業用宅地等）を取得した全ての人の名前を記載します（全員の同意がなければ、この特例の適用を受けることはできません）。

自宅のある宅地について特例の適用を受ける場合は「1」を記入します。

減額される金額を記載します。
38,412,000×80%＝30,729,600

「土地及び土地の上に存する権利の評価明細書」から転記します。

特定居住用宅地等は
330㎡まで80%の評価減の適用を受けることができます。

FD3545

小規模宅地等についての課税価格の計算明細書

被相続人　鈴木太郎

この表は、小規模宅地等の特例（租税特別措置法第69条の4第1項）の適用を受ける場合に記入します。
なお、被相続人から、相続、遺贈又は相続時精算課税に係る贈与により取得した財産のうちに、「特定計画山林の特例」又は「特定事業用資産の特例」の対象となり得る財産がある場合には、第11・11の2表の付表2を作成します（第11・11の2表の付表2を作成する場合には、この表の「1　特例の適用にあたっての同意」欄の記入を要しません。）。

第11・11の2表の付表1（平成27年分以降用）

○この申告書は機械で読み取りますので、黒ボールペンで記入してください。

1　特例の適用にあたっての同意

この欄は、小規模宅地等の特例の対象となり得る宅地等を取得した全ての人が次の内容に同意する場合に、その宅地等を取得した全ての人の氏名を記入します。

私（私たち）は、「2 小規模宅地等の明細」の①欄の取得者が、小規模宅地等の特例の適用を受けるものとして選択した宅地等又はその一部（「2 小規模宅地等の明細」の⑤欄で選択した宅地等）の全てが限度面積要件を満たすものであることを確認の上、その取得者が小規模宅地等の特例の適用を受けることに同意します。

氏名		
鈴木〇〇		

（注）1　小規模宅地等の特例の対象となり得る宅地等を取得した全ての人の同意がなければ、この特例の適用を受けることはできません。
2　上記の各欄に記入しきれない場合には、第11・11の2表の付表1（続）を使用します。

2　小規模宅地等の明細

この欄は、小規模宅地等についての特例の対象となり得る宅地等を取得した人のうち、その特例の適用を受ける人が選択した小規模宅地等の明細等を記載し、相続税の課税価格に算入する価額を計算します。

「小規模宅地等の種類」欄は、選択した小規模宅地等の種類に応じて次の1～4の番号を記入します。
小規模宅地等の種類：1　特定居住用宅地等、2　特定事業用宅地等、3　特定同族会社事業用宅地等、4　貸付事業用宅地等

選択した小規模宅地等	小規模宅地等の種類（1～4の番号を記入します。）	① 特例の適用を受ける取得者の氏名〔事業内容〕 ② 所在地番 ③ 取得者の持分に応ずる宅地等の面積 ④ 取得者の持分に応ずる宅地等の価額	⑤ ③のうち小規模宅地等（限度面積要件を満たす宅地等）の面積 ⑥ ④のうち小規模宅地等（④×⑤/③）の価額 ⑦ 課税価格の計算に当たって減額される金額（⑥×⑨） ⑧ 課税価格に算入する価額（④－⑦）
	1	① 鈴木〇〇〔　〕	⑤ 132.00㎡
		② 東京都杉並区〇〇1丁目XX	⑥ 38,412,000円
		③ 132.00㎡	⑦ 30,729,600円
		④ 38,412,000円	⑧ 7,682,400円
		①〔　〕	⑤ ㎡
		②	⑥ 円
		③ ㎡	⑦ 円
		④ 円	⑧ 円
		①〔　〕	⑤ ㎡
		②	⑥ 円
		③ ㎡	⑦ 円
		④ 円	⑧ 円

（注）1　①欄の「〔　〕」は、選択した小規模宅地等が被相続人等の事業用宅地等（2、3又は4）である場合に、相続開始の直前にその宅地等の上で行われていた被相続人等の事業について、例えば、飲食サービス業、法律事務所、貸家などのように具体的に記入します。
2　小規模宅地等を選択する一の宅地等が共有である場合又は一の宅地等が貸家建付地である場合において、その評価額の計算上「賃貸割合」が1でないときには、第11・11の2表の付表1（別表）を作成します。
3　⑧欄の金額を第11表の「財産の明細」の「価額」欄に転記します。
4　上記の各欄に記入しきれない場合には、第11・11の2表の付表1（続）を使用します。

○「限度面積要件」の判定

上記「2 小規模宅地等の明細」の⑤欄で選択した宅地等の全てが限度面積要件を満たすものであることを、この表の各欄を記入することにより判定します。

※の項目は記入する必要がありません。

小規模宅地等の区分	被相続人等の居住用宅地等	被相続人等の事業用宅地等		
小規模宅地等の種類	1 特定居住用宅地等	2 特定事業用宅地等	3 特定同族会社事業用宅地等	4 貸付事業用宅地等
⑨ 減額割合	80/100	80/100	80/100	50/100
⑩ ⑤の小規模宅地等の面積の合計	132.00㎡	㎡	㎡	㎡

⑪ 限度面積			
イ 小規模宅地等のうちに4貸付事業用宅地等がない場合	〔1の⑩の面積〕 132.00 ≦330㎡	〔2の⑩及び3の⑩の面積の合計〕 ㎡≦400㎡	
ロ 小規模宅地等のうちに4貸付事業用宅地等がある場合	〔1の⑩の面積〕 ㎡×200/330 ＋	〔2の⑩及び3の⑩の面積の合計〕 ㎡×200/400 ＋	〔4の⑩の面積〕 ㎡≦200㎡

（注）限度面積は、小規模宅地等の種類（「4 貸付事業用宅地等」の選択の有無）に応じて、⑪欄（イ又はロ）により判定を行います。「限度面積要件」を満たす場合に限り、この特例の適用を受けることができます。

※税務署整理欄	年分		名簿番号		申告年月日		一連番号		グループ番号		補完	

［被相続人の居住の用に供されていた宅地等の特例］

取得者	適用要件
配偶者	無条件で適用可
同居親族	相続開始の時から相続税の申告期限まで、引き続きその家屋に居住し、相続税の申告期限まで保有していること
非同居親族	①相続開始の時において、被相続人または相続人が日本に住所を有していること、または、相続人が日本国籍を有していること ②被相続人に配偶者がいないこと ③相続開始の直前において被相続人の居住の用に供されていた家屋に居住していた法定相続人がいないこと ④相続開始前３年以内に日本国内にある自己の３親等内の親族または特別の関係がある法人が所有する家屋（被相続人の居住用を除く）に居住していたことがないこと ⑤相続開始時に居住していた家屋を過去に所有していたことがないこと ⑥相続税の申告期限まで保有していること

んなことはないのです。上表で特例の適用要件をみてみましょう。なお、この特例は事業用の宅地についてももうけられていますが、今回は被相続人の居住用に絞ります。これで土地の評価は完了です。この結果を**第11表**に書き写しましょう。

左から、宅地、自用地（貸している土地などではなく、被相続人等が自分で使っていた土地だということです）所在地、土地の面積（㎡）、単価、そして小規模宅地等の特例を適用した後の数字7、682、400円を書き込みます。その右は取得者、つまりこの事例では鈴木○○さんの名前を書きます。そして、改めて、7、682、400円を書き込みます。

次は建物の評価に移ります。これは先ほどの土地に比べて簡単です。固定資産税の納税通知が毎年4月～6月くらいにきますね。自宅については、そこに記載されている固定資産税評価額に1倍、つまり固定資産税評価額そのものが相続税評価額になります。

そして預貯金です。金融機関名と口座番号を書いておくといいですね。亡くなった日の残高を記載します。定期預金などであれば、亡くなった日に解約したとした場合の利息額（経過利息）も加算することを忘れずに。残高証明を金融機関で発行してもらう際、経過利息の記載をお願いしましょう。

その他の財産がない（本当に名義預金その他もない↓家族等の名義にした被相続人の預金のことで詳しくは第4話をご参照ください）ということであれば、第11表の金額の合計を第1表の①に記載します。

これで、相続財産の集計が終わりました。次は、マイナスの財産を探します。相続税の課税価格の計算では、相続が開始された時点の借入金や未払金、葬式費用（香典返礼費用や四十九日などの法要費用は対象外です）を差し引くことができます。それを**第13表**に記載しましょう。

亡くなった日までに払っていない固定資産税や住民税を債務に計上することを忘れずに。

これらマイナスの財産の合計を第1表の③に記載して、取得財産の価額①との差額を純資産価額④に記載します（相続時精算課税制度や生前贈与により加算がある場合は、第9話をご覧くだ

被相続人の名前を記入します。

遺産分割協議の調った日を記入します。一部のみ分割、未分割の場合は右の２・３に記入します。（注）この事例では相続人１人のため遺産分割協議は不要です。

取得者と取得財産の価額を記入します。

第11・11の２表の付表１の⑧の金額を記入します。

「土地及び土地の上に存する権利の評価明細書」から転記します。

自用家屋は１倍です。

固定資産税評価証明書などから固定資産税評価額を記入します。

相続開始日の残高を記入します。定期性の預金は、経過利息（相続開始日において確定している税引後の利息）込みの金額を記入します。

金庫などに保管していた現金や相続開始直前に引き出した現金など手許現金を記入します。

美術品、庭園など個別に評価すべきものがあれば別記します。

平成28年の電話加入権の評価額は東京国税局管内で1,500円（１加入当たり）です。

財産の種類ごとに記載し「計」を記入します。

各人の取得金額の価額の合計額を記入します。
第１表の①に転記します。

相続税がかかる財産の明細書
（相続時精算課税適用財産を除きます。）

被相続人	鈴木太郎

第11表（平成21年4月分以降用）

○相続時精算課税適用財産の明細については、この表によらず第11の2表に記載します。

この表は、相続や遺贈によって取得した財産及び相続や遺贈によって取得したものとみなされる財産のうち、相続税のかかるものについての明細を記入します。

遺産の分割状況			
区分	① 全部分割	2 一部分割	3 全部未分割
分割の日	XX・XX・XX	・ ・	

財産の明細 種類	細目	利用区分、銘柄等	所在場所等	数量 / 固定資産税評価額	単価 / 倍数	価額	分割が確定した財産 取得した人の氏名	取得財産の価額
土地	宅地	自用地	東京都杉並区○○1丁目XX	132.00㎡ / 円	291,000円	円 7,682,400	鈴木○○	円 7,682,400
	(小計)					(7,682,400)		
((計))						((7,682,400))		
家屋構築物	家屋	自用	東京都杉並区○○1丁目XX	79.20㎡ / 3,000,000	1	3,000,000	鈴木○○	3,000,000
((計))						((3,000,000))		
現金預貯金等	預貯金等	普通預金	○○銀行△△支店 No.******			2,000,000	鈴木○○	2,000,000
〃	手許現金					500,000	鈴木○○	500,000
((計))						((2,500,000))		
家庭用財産	家財道具一式		杉並区○○1丁目XX			200,000	鈴木○○	200,000
〃	電話加入権		杉並区○○1丁目XX	1基		1,500	鈴木○○	1,500
((計))						201,500		
((合計))						((13,383,900))		

合計表		(各人の合計)					
財産を取得した人の氏名		(各人の合計)	鈴木○○				
分割財産の価額	①	円 13,383,900	円 13,383,900	円	円	円	円
未分割財産の価額	②						
各人の取得財産の価額（①＋②）	③	13,383,900	13,383,900				

（注）1 「合計表」の各人の③欄の金額を第1表のその人の「取得財産の価額①」欄に転記します。
2 「財産の明細」の「価額」欄は、財産の細目、種類ごとに小計及び計を付し、最後に合計を付して、それらの金額を第15表の①から㉘までの該当欄に転記します。

債務と負担者を記入します。

「細目」は所得税、住民税、固定資産税、当座貸越、証書借入、未払金などの発生原因等を記載します。

「種類」は公租公課、借入金、未払金、買掛金、その他に区分します。

葬式費用の支払先、支払年月日、金額、負担者を記入します。

各人の債務・葬式費用の合計額を記入します。

第１表③に転記します。

債務及び葬式費用の明細書

被相続人	鈴木太郎

第13表（平成21年4月分以降用）

1 債務の明細（この表は、被相続人の債務について、その明細と負担する人の氏名及び金額を記入します。）

債務の明細						負担することが確定した債務	
種類	細目	債権者 氏名又は名称	債権者 住所又は所在地	発生年月日 弁済期限	金額	負担する人の氏名	負担する金額
公租公課	住民税	東京都杉並区		xx.xx.xx xx.xx.xx	40,000円	鈴木○○	40,000円
未払金	入院費	△△病院	杉並区○○町△△	xx.xx.xx xx.xx.xx	157,000	鈴木○○	157,000
				・・			
				・・			
				・・			
				・・			
合計					197,000		

2 葬式費用の明細（この表は、被相続人の葬式に要した費用について、その明細と負担する人の氏名及び金額を記入します。）

葬式費用の明細				負担することが確定した葬式費用	
支払先 氏名又は名称	支払先 住所又は所在地	支払年月日	金額	負担する人の氏名	負担する金額
長命寺	杉並区○○町xx	xx.xx.xx	500,000円	鈴木○○	500,000円
△△葬祭センター	中野区○○町xx	xx.xx.xx	1,100,000	鈴木○○	1,100,000
		・・			
		・・			
		・・			
		・・			
合計			1,600,000		

3 債務及び葬式費用の合計額

債務などを承継した人の氏名			（各人の合計）	鈴木○○			
債務	負担することが確定した債務	①	197,000円	197,000円	円	円	円
債務	負担することが確定していない債務	②					
債務	計（①＋②）	③	197,000	197,000			
葬式費用	負担することが確定した葬式費用	④	1,600,000	1,600,000			
葬式費用	負担することが確定していない葬式費用	⑤					
葬式費用	計（④＋⑤）	⑥	1,600,000	1,600,000			
合計（③＋⑥）		⑦	1,797,000	1,797,000			

（注）1　各人の⑦欄の金額を第1表のその人の「債務及び葬式費用の金額③」欄に転記します。
2　③、⑥及び⑦欄の金額を第15表の㉝、㉞及び㉟欄にそれぞれ転記します。

さい）。

第15表は、第11表と第13表から転記して作成してください。

最後に、**第2表**を見てください。ここは相続税を計算する表になります。さきほどの基礎控除がここでやっと登場です。鈴木さんの場合、法定相続人が1名ですので3,000万円＋1名×600万円＝3,600万円ですね。見てください。小規模宅地等の特例の適用をした後でみると基礎控除のほうが大きくなりましたね。

第1表にも基礎控除を記載して、はい。これで税金ゼロが確認できました。これを添付資料と一緒に税務署に提出して終わりです。

添付資料として、特に小規模宅地等の特例を適用する場合には、住民票の写し（または戸籍の附票の写し）、印鑑証明書※、戸籍謄本等が必要ですから、用意してくださいね。写しっていいますが、コピーじゃないですよ、市区町村から交付された書類そのままですからね。※この事例では相続人一人のため不要です。

そうそう提出した申告書と同じものを「控え」として窓口に提出し、収受印をもらって保存しておきましょう。

所長　ほら、難しいでしょ。私が申告書を作成して進ぜましょう。

鈴木さん　聞いてるそばから書けましたよ。いや～簡単ですね。ではこれ、明日添付資料なんかを用意して、税務署に提出してきますわ。いやぁ、助かりました。ありがとうございました。

所長　……

翼君　あ〜あ、僕の給与ちゃんと払ってくれるかなあ。心配だなぁ。

反省会

所長　今日も人助けができてよかったわ。

翼君　はい、そうですね、貧乏暇なしでよかったですね。

所長　何ぶつぶつ言ってるのかしら。さて今日も反省会始めるわよ。今日のテーマは、小規模宅地等の特例についてね。居住用だけとっても、留意点はたくさんあるわね。居住用ってまず何？　翼君。

翼君　居住用って居住用でしょ。人が住むための住宅ですよ。決まってるじゃないですか。

所長　そうね。あたり。で誰が住むため？

翼君　そりゃ、被相続人がでしょ。

所長　ぶぶ〜、亡くなった方と生計を一にしていた親族（相続人とは書いてないことに注目）が被相続人の相続開始前から被相続人から無償で借りて住んでいて、その親族が相続税の申告期限（つまり通常は相続開始から10か月以内）まで引き続き住んで所有している場合も特例の対象になるの。配偶者が取得した場合には、無条件で対象になるし。

財産、債務の種類別に価額の合計額を記入します。

財産を取得した人の名前を記入します。

第11表から転記します。

不動産の価額の合計額を記入します。

第13表から転記します。

37——36

相続財産の種類別価額表（この表は、第11表から第14表までの記載に基づいて記入します。）

FD3535

第15表（平成26年分以降用）

（単位は円）

種類	細目	番号	各人の合計	被相続人（氏名）鈴木太郎 / 鈴木○○
※	整理番号		被相続人	
土地（土地の上に存する権利を含みます。）	田	①		
	畑	②		
	宅地	③	7682400	7682400
	山林	④		
	その他の土地	⑤		
	計	⑥	7682400	7682400
	⑥のうち特例農地等　通常価額	⑦		
	⑥のうち特例農地等　農業投資価格による価額	⑧		
家屋、構築物		⑨	3000000	3000000
事業（農業）用財産	機械、器具、農耕具、その他の減価償却資産	⑩		
	商品、製品、半製品、原材料、農産物等	⑪		
	売掛金	⑫		
	その他の財産	⑬		
	計	⑭		
有価証券	特定同族会社の株式及び出資　配当還元方式によったもの	⑮		
	特定同族会社の株式及び出資　その他の方式によったもの	⑯		
	⑮及び⑯以外の株式及び出資	⑰		
	公債及び社債	⑱		
	証券投資信託、貸付信託の受益証券	⑲		
	計	⑳		
現金、預貯金等		㉑	2500000	2500000
家庭用財産		㉒	201500	201500
その他の財産	生命保険金等	㉓		
	退職手当金等	㉔		
	立木	㉕		
	その他	㉖		
	計	㉗		
合計（⑥＋⑨＋⑭＋⑳＋㉑＋㉒＋㉗）		㉘	13383900	13383900
相続時精算課税適用財産の価額		㉙		
不動産等の価額（⑥＋⑨＋⑩＋⑮＋⑯＋㉕）		㉚	10682400	10682400
⑯のうち株式等納税猶予対象の株式等の価額の80％の額		㉛		
⑰のうち株式等納税猶予対象の株式等の価額の80％の額		㉜		
債務等	債務	㉝	197000	197000
	葬式費用	㉞	1600000	1600000
	合計（㉝＋㉞）	㉟	1797000	1797000
差引純資産価額（㉘＋㉙－㉟）（赤字のときは0）		㊱	11586900	11586900
純資産価額に加算される暦年課税分の贈与財産価額		㊲		
課税価格（㊱＋㊲）（1,000円未満切捨て）		㊳	11586000	11586000

○この申告書は機械で読み取りますので、黒ボールペンで記入してください。

※の項目は記入する必要がありません。

※税務署整理欄	申告区分		年分		名簿番号		申告年月日		グループ番号	

基礎控除を超える場合、超える金額を記入します。

課税遺産総額㊁に法定相続分⑤を乗じて、各人の取得金額を計算します。

下の速算表を使って⑥の金額に対する税額を計算します。

法定相続分を記入します。

法定相続分は合計で１になります。

各人の税額の合計（相続税の総額）を第１表の⑦に転記します。

法定相続分

順位	法定相続人と相続分
第１順位	配偶者1/2　子1/2
第２順位	配偶者2/3　直系尊属1/3
第３順位	配偶者3/4　兄弟姉妹1/4

※　子・直系尊属・兄弟姉妹が複数いる場合にはそれぞれの相続分を均等に分ける。

相続税の総額の計算書

被相続人	鈴木太郎

第2表（平成27年分以降用）

この表は、第1表及び第3表の「相続税の総額」の計算のために使用します。

なお、被相続人から相続、遺贈や相続時精算課税に係る贈与によって財産を取得した人のうちに農業相続人がいない場合は、この表の㋭欄及び㋬欄並びに⑨欄から⑪欄までは記入する必要がありません。

① 課税価格の合計額		② 遺産に係る基礎控除額	③ 課税遺産総額	
㋑（第1表⑥Ⓐ）	11,586,000 円	3,000万円＋（600万円×㋺（Ⓐの法定相続人の数）1人）＝㋩ 3,600万円	㊁（㋑－㋩）	0,000 円
㋭（第3表⑥Ⓐ）	,000	㋺の人数及び㋩の金額を第1表Ⓑへ転記します。	㋬（㋭－㋩）	,000

④ 法定相続人（（注）1参照）氏名	被相続人との続柄	⑤ 左の法定相続人に応じた法定相続分	第1表の「相続税の総額⑦」の計算 ⑥ 法定相続分に応ずる取得金額（㊁×⑤）（1,000円未満切捨て）	⑦ 相続税の総額の基となる税額（下の「速算表」で計算します。）	第3表の「相続税の総額⑦」の計算 ⑨ 法定相続分に応ずる取得金額（㋬×⑤）（1,000円未満切捨て）	⑩ 相続税の総額の基となる税額（下の「速算表」で計算します。）
鈴木〇〇	長男	1/1	,000 円	円	,000 円	円
			,000		,000	
			,000		,000	
			,000		,000	
			,000		,000	
			,000		,000	
			,000		,000	
			,000		,000	
			,000		,000	
法定相続人の数	Ⓐ 1 人	合計 1	⑧ 相続税の総額（⑦の合計額）（100円未満切捨て）	0 00	⑪ 相続税の総額（⑩の合計額）（100円未満切捨て）	00

（注）1　④欄の記入に当たっては、被相続人に養子がある場合や相続の放棄があった場合には、「相続税の申告のしかた」をご覧ください。
　2　⑧欄の金額を第1表⑦欄へ転記します。財産を取得した人のうちに農業相続人がいる場合は、⑧欄の金額を第1表⑦欄へ転記するとともに、⑪欄の金額を第3表⑦欄へ転記します。

○この表を修正申告書の第2表として使用するときは、㋑欄には修正申告書第1表の㋺欄の⑥Ⓐの金額を記入し、㋭欄には修正申告書第3表の1の㋺欄の⑥Ⓐの金額を記入します。

相続税の速算表

法定相続分に応ずる取得金額	10,000千円以下	30,000千円以下	50,000千円以下	100,000千円以下	200,000千円以下	300,000千円以下	600,000千円以下	600,000千円超
税率	10%	15%	20%	30%	40%	45%	50%	55%
控除額	－ 千円	500千円	2,000千円	7,000千円	17,000千円	27,000千円	42,000千円	72,000千円

この速算表の使用方法は、次のとおりです。
⑥欄の金額×税率－控除額＝⑦欄の税額　　⑨欄の金額×税率－控除額＝⑩欄の税額
例えば、⑥欄の金額30,000千円に対する税額（⑦欄）は、30,000千円×15%－500千円＝4,000千円です。

○連帯納付義務について
相続税の納税については、各相続人等が相続、遺贈や相続時精算課税に係る贈与により受けた利益の価額を限度として、お互いに連帯して納付しなければならない義務があります。

[被相続人と生計を一にする親族の居住の用に供されていた宅地等の特例]

取得者	適用要件
配偶者	無条件で適用可
生計を一にする親族	相続開始の直前から相続税の申告期限まで引き続きその家屋に居住し、相続税の申告期限まで保有していること。

翼君　え？　え？　親族っていったら、配偶者、六親等内の血族、三親等内の姻族でしょう？　相続人でない親族でも取得してＯＫなんですか？　あれあれ、民法で相続できる人の範囲決められているんじゃなかったですか？

所長　遺言で相続人以外の人に財産を残すことはあるでしょ。

翼君　あ、そうか、それ、遺贈っていうんですよね。

所長　それから、いわゆる家なき子の特例なんて言われている別居親族が被相続人の居住の用に供されている宅地等を取得した場合の特例も基本としてしっかり押さえておかなきゃ。

翼君　はい、え〜と、主な要件は３つです。

①　被相続人の配偶者または相続開始直前において被相続人の居住の用に供されていた家屋に居住していた法定相続人がいないこと。

②　相続開始前３年以内に日本国内にある自己の３親等内の親族または特別の関係のある法人が所有する家屋に居住したことがないこと。

③　相続開始時に居住していた家屋を過去に所有していたことがないこと。

所長　①の法定相続人というのは、基礎控除のところで説明したとおり、相続を放棄した人を含める相続人という意味。それ以外の親族は無関係ですので、必ずしも一人暮らしを条件にするものではないわね。

②の要件と③の要件は平成30年4月1日以後の相続開始から適用される要件で一定の経過措置も設けられているわ。これらの要件を満たしている場合は、その別居親族が申告期限までその宅地等を保有していれば80％の減額ＯＫ。もともと別居なのに、わざわざ住むことまでは求めていない、ってわけね。

翼君　う〜ん、複雑ですねえ。まずは誰の居住用なのか、それが被相続人の居住用なら、誰が取得したかによって3通り、生計一の親族の居住用なら2通りか。

所長　そうね。とにかく小規模宅地等の要件は居住用だけでもいろいろ複雑でしょ。今回は相続人が一人で同居していたケースだからよいけど、そうでない場合はよくよく注意しないとね。

それに、この特例は、特例の対象になりうる財産を取得した人すべての同意があることが必要（第11・11の2付表1記載）だし、そもそもどの土地を特例の対象にするかは、納税者の選択なの。あとで、違う土地のほうが有利だったと思っても変更はできませんので。

翼君　あ、それから居住用といったら、老人ホームに入っていた場合の取扱いが確か平成26年1月1日以後開始の相続から変わりました。

所長　そうね。以前は、入所金なんかを支払う、いわゆる有料老人ホームに入居した場合は、老人ホームに居住しているという理屈で適用が受けられなかったの。

だけど地方公共団体や社会福祉法人などが運営している公的な介護施設、いわゆる特別養護老人ホームに入りたくても、定員で入れなくて、やむを得ず高いお金を払って有料老人ホームに入る人もたくさんいるわよね。そんなことから適用緩和がされたのね。

今の取扱いは、老人ホーム等に入所したことにより被相続人の居住の用に供されなくなった宅地等について、一定の要件を満たしているときは、相続開始直前に被相続人が居住の用に供していた宅地等として、特例の対象として取り扱ってくれるってことになったわけ。一定の要件というのは簡単に言うと次のとおり。

①　施設に入っていた被相続人が、亡くなる前に要介護認定や要支援認定、または障害者支援区分の認定など受けていたこと。

②　施設に入所後、その宅地等を新たに被相続人等以外の者の居住の用に供していないこと（平成30年4月1日以後の相続遺贈から介護医療院に入所した場合にも小規模宅地等の特例の適用があります）。

ポイントは、相続開始直前の状況において、被相続人が要介護認定か要支援認定を受けていたか、一定の介護状態だったということと、入所後に被相続人等以外の人が住んでいないこと。この被相続人等の「等」って誰のことかわかる？

翼君　被相続人と相続人でしょうか。

所長　いえ、生計を一にする相続人に限っているの。つまり生計を一にしない相続人や親族にただで貸してあげるとアウトになります。空き家にしないために、という判断が税金には仇になるんです。

所長　それから、二世帯住宅についての取扱いも変更があったでしょ。言ってみて。

翼君　はい、二世帯住宅であれば、生計が別でも原則、宅地全部が特例の対象になることになったのですよね。この改正で、ハウスメーカーに就職した友人が仕事が増えて、給料も増えて、うらやましかったです。

所長　友人は優秀なのね。私もうらやましいわ。で、原則はそうだけど、だめな場合があったわね。なんだった？

翼君　え～と、確か区分所有していたらだめでした。

所長　友人から聞いたのね。

翼君　はい！　じゃなかった、条文読んだんですよ。当たり前じゃないですか（汗）。

家なき子特例の経過措置

平成30年4月1日から平成32年3月31日までの相続又は遺贈において，平成30年3月31日時点に相続又は遺贈があったものとした場合に，改正前要件（40ページの要件②は相続開始日3年以内に日本国内にある自己または自己の配偶者の所有する家屋に居住したことがないこと，③の要件はなし）を満たすことになる宅地等については，家なき子特例を適用できる経過措置が設けられています。

養子の2割加算

遺産を取得した人が、孫や兄弟姉妹（甥姪）であるなど、配偶者や一親等の血族以外のときは、相続税が2割増しになります。

養子となれば一親等の血族ですが、被相続人の孫養子については、この制度上では一親等の血族から除かれることとされ、2割加算になります。

一方、子が先に亡くなっているため代襲相続人になった孫は、あくまで孫なので二親等ですが、2割加算の対象外です。

それでは子が先に亡くなっていて、その子である孫が、相続の放棄の手続きをした上で保険金を取得したらどうでしょうか。保険金を取得したことによって相続税が発生する場合には、その孫は2割加算の対象となります。

なぜなら孫は代襲相続人としてではなく、相続放棄をしたことによって相続人の地位を失って、みなし相続財産を取得したからです。

また、被相続人の養子の連れ子（被相続人と養子縁組前に生まれた子）は、被相続人とは血族関係とはならず、仮に養子が先に亡くなって遺贈で財産を取得したとしても2割加算の対象になります。

反対に、養子縁組後に生まれた養子の子は、被相続人の血族関係のある孫であり、代襲相続人として相続財産を取得した場合には2割加算はされません。

なお、教育資金贈与の場合は、受贈者が孫で相続・遺贈により財産を取得した場合であっても2割加算なし、結婚・子育て資金の贈与の場合は2割加算ありなど、制度によっても適用関係が異なります。

このように、2割加算ひとつをとっても、民法の解釈に相続税法独自の決まりを追加した複雑な制度ですので、実際の相続税の申告には充分留意する必要がありそうです。

第2話　貸家建付地　相続税評価額を引き下げるワザ

翼君　最近、本屋さん行くと相続本が山積みじゃないですか。実際これから出したって埋もれるだけでいいことないですよ。
所長　いやなこと言うわね。
翼君　相続本が増えたのは基礎控除が下がって相続税の申告が必要になった人が増えたからでしょうね。やたらと、セミナーでは、アパート建てましょうっていうのが目立ちますよね。これって何ででしょ？
所長　そうよね。アパートを建てると、アパート収入が入るわね。その上、アパートを建てることで土地の評価減にもなるのね。
翼君　儲かっているのに評価減ができるんですか！

所長の基礎講座

アパートなどが建っている土地（貸家建付地といいます）は、相続税の財産評価上は更地より低い金額で評価されます。収益を生む土地が何もない土地より低い評価ということには、翼君のように疑問に思う向きもあるでしょう。

なぜ、収益物件なのに更地より低い価額かというと、簡単に言えば、「利用の制限」にあります。更地なら土地所有者は自由にその土地を利用することができますが、アパートなどに住む人の借家人には、借家権という権利が生じているため、土地所有者の自由にはならないという点を考慮しているのです。

もちろん、アパートという建物自体の評価も借家権を考慮して減額されます。

佐藤さん　相続対策にアパート建てようかと思ってるんですわ。リタイアしてヒマだし、一度は大家さんってもんにもなって、家賃の取り立てとかやってみたいなぁ、なんて。

それにアパート建てると相続税が安くなるっていうじゃないですか。いったいどのくらい安くなるもんかと相談に来た次第です。

所長　では、預金1億円、土地（更地）評価額1億円の前提でお話ししましょう。

まずそのままでは相続財産は2億円ということになりますね。それで預金の1億円を使ってアパートを建てたとしましょう。そうすると、財産は、預金がなくなって、アパート（建物）と土地（貸家建付地）という財産に変わりますね。

建物の評価額は、固定資産税評価額を基としますが、時価1億円の建物の固定資産税評価額はほぼ6割程度なので、1億円の60％で6，000万円としましょう。この建物が自用家屋、つまり自分で利用している家屋だとすれば、建物の評価額は、その1倍、つまり6，000万円となるわけです。

しかし、貸家の評価は、自用家屋の評価額から借家権割合相当額を控除した価額です。借家権は一律30%となっていますから、お部屋が埋まっていれば、大家さんはいわば70%の権利を持っていると考えて、評価額は6,000万円×70%＝4,200万円という計算になります。

佐藤さん　お～～1億円が4,200万円に！　半分以下じゃないですか、それはすごい。

所長　喜ぶのはまだ早いですよ。今度は土地の評価です。更地で1億円だった土地ですが、アパートが建ったことで、大家さんはその土地を今後自分の勝手には使えなくなりましたよね。それを考慮して、土地は貸家建付地として評価が下がるのです。

宅地の評価方法から説明しますね。

宅地の評価額は、路線価方式と倍率方式があります。どちらを使うかは、地域によって決められていますから国税庁のホームページを見てくださいね（まぁ、倍率地域でも固定資産税路線価や近傍宅地評価を使ったりする上級コースもあるんだけど、ここでは説明は省きます）。

路線価方式っていうのは、宅地に接する路線に付けられた価額（路線価）を基にその宅地の面積や土地の形状等に応じた各種補正率を乗じて計算します。これも国税庁のホームページで調べられますよ（詳しくは第1話をご覧下さい）。

同じ道でも途中から路線価が変わっていたりするでしょう？　路線価というのは、宅地の評価額が概ね同一だろうという一連の宅地が接している路線ごとに設定される宅地1㎡あたりの

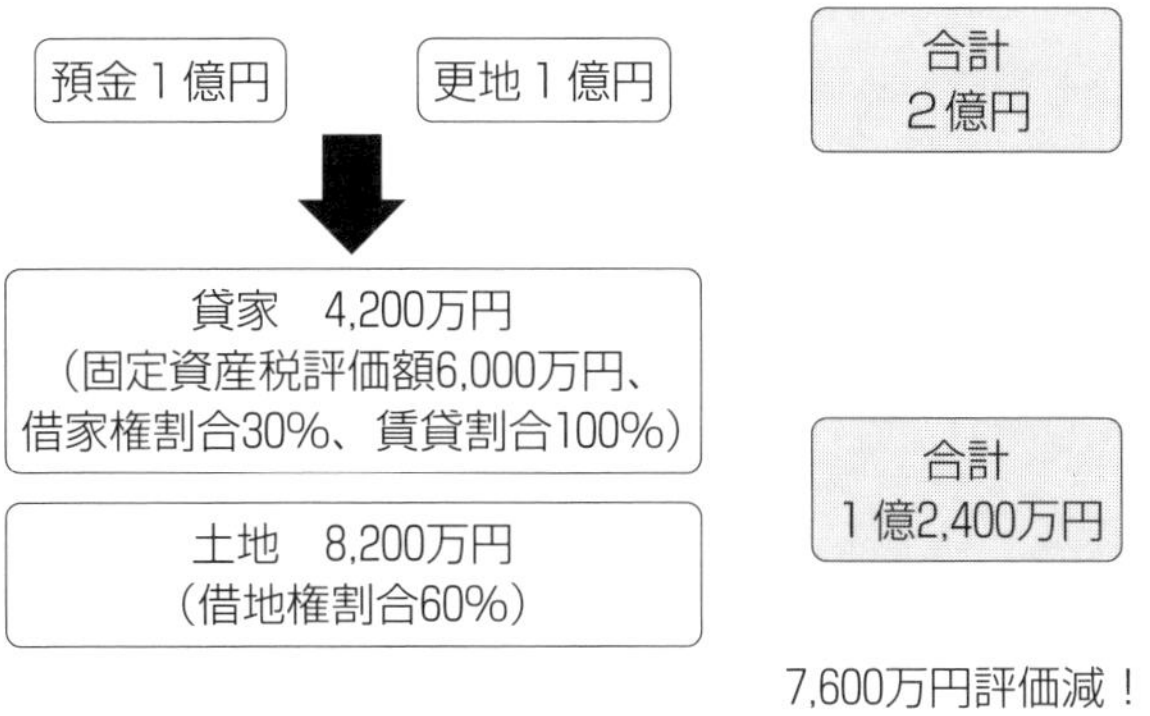

価格なので、同じ道でも高くなったり低くなったりするわけです。

形状の補正はとりあえず無視すると、宅地の評価は路線価×面積で計算すれば概算額は出ます。

こうして計算した結果、土地の評価額が1億円であるとすれば、貸家が建ってる土地の評価は、自用地評価額に借地権割合と借家権割合を乗じた分だけ減額できるということです。

借地権割合が60％の自用地評価額1億円の土地の上に、部屋が埋まっている貸家を持っている大家さんの土地の評価は、

1億円－1億円×借地権割合（60％）×借家権割合（30％）＝8、200万円。

さらに、貸家建付地には200㎡まで小規模宅地等の適用もあります。（事業的規模で貸付けを行っていない場合、相続開始より3年超前から貸付けを行っている場合）

鈴木さん　え〜、ということは、合計2億円の財産だったのが、土地が8、200万円、建物が4、200万円で、合計が1億2、400万円？　全部で7、600万円も下がったって

ことですか⁉　それはすごい。もっと下がるかもしれませんしね。すぐ契約しよう〜。

所長　ちょっと待ってくださいね。私の話の中に「お部屋が埋まっている」という言葉があったの気がつきましたか？

実はこの評価減は、賃貸割合によって変わるんです。極端な話、貸家として建てたけど、全く借り主が現れなければ、自用地評価のままってことになります。古くなるとどうしても空き家率が高まりますよね。それを考慮しておく必要があるってことです。

正確に言うと、亡くなった日の状況において、

貸家の評価額＝自用家屋評価額－自用家屋評価額×借家権割合×賃貸割合

貸家建付地の評価額＝自用地評価額－自用地評価額×借地権割合×借家権割合×賃貸割合

となります。

佐藤さん　しかしですな、亡くなった時点で、たまたま空いたなんていう場合はどうなんですか？　死んでも死に切れないってことになるでしょ。

所長　そこは安心してください。たまたま空いてるけど、募集していて、その後あまり間を空けずに人が入った、という状況であれば、貸している状況と認める取扱いがされてますから。

具体的に言うと、

●亡くなる前に継続的に賃貸されていたかどうか。

●賃借人が退去した後、速やかに新たな賃借人を募集したかどうか。

東京国税局(所) ××署
28 年分 ×××× ページ

（平成十六年分以降用）

土地及び土地の上に存する権利の評価明細書（第１表）

（住居表示）（　　　）		所有者	住所（所在地） 神奈川県横浜市××	使用者	住所（所在地）
所在地番	神奈川県横浜市××		氏名（法人名） 佐藤××		氏名（法人名）

地目	地積	路線価 正面	側方	側方	裏面	地形図及び参考事項
(宅地)・田・畑・山林・原野・雑種地［　］	400.00 ㎡	250,000 円	円	円	円	

間口距離	20.00 m	利用区分	自用地・貸宅地・(貸家建付地)・借地権・私道（　）・貸家建付借地権・転貸借地権・転借権・借家人の有する権利	地区区分	ビル街地区・高度商業地区・繁華街地区・普通商業・併用住宅地区・(普通住宅地区)・中小工場地区・大工場地区
奥行距離	20.00 m				

アパートが建っている土地は貸家建付地に◯をします。

	項目	(1㎡当たりの価額)	
自用地1平方メートル当たりの価額	1 一路線に面する宅地（正面路線価）250,000円 ×（奥行価格補正率）1.00	250,000 円	A
	2 二路線に面する宅地（A）円 ＋［側方・裏面路線価］（円 ×（奥行価格補正率）. ×［側方・二方 路線影響加算率］0.）	円	B
	3 三路線に面する宅地（B）円 ＋［側方・裏面路線価］（円 ×（奥行価格補正率）. ×［側方・二方 路線影響加算率］0.）	円	C
	4 四路線に面する宅地（C）円 ＋［側方・裏面路線価］（円 ×（奥行価格補正率）. ×［側方・二方 路線影響加算率］0.）	円	D
	5-1 間口が狭小な宅地等（AからDまでのうち該当するもの）円 ×（（間口狭小補正率）. ×（奥行長大補正率）.）	円	E
	5-2 不整形地（AからDまでのうち該当するもの）円 × 不整形地補正率※ 0. ※不整形地補正率の計算 （想定整形地の間口距離）m ×（想定整形地の奥行距離）m ＝（想定整形地の地積）㎡ （（想定整形地の地積）㎡ －（不整形地の地積）㎡）÷（想定整形地の地積）㎡ ＝（かげ地割合）% （不整形地補正率表の補正率）0. ×（間口狭小補正率）. ＝ 0.　① （奥行長大補正率）. ×（間口狭小補正率）. ＝ 0.　② （小数点以下2位未満切捨て）［不整形地補正率（①、②のいずれか低い率、0.6を限度とする。）］0.	円	F
	6 無道路地（F）円 ×（1 － 0.（※）） ※割合の計算（0.4を限度とする。） （（正面路線価）円×（通路部分の地積）㎡）÷（（F）円×（評価対象地の地積）㎡）＝ 0.	円	G
	7 がけ地等を有する宅地〔南、東、西、北〕（AからGまでのうち該当するもの）円 ×（がけ地補正率）0.	円	H
	8 容積率の異なる2以上の地域にわたる宅地（AからHまでのうち該当するもの）円 ×（1 － 0.）（控除割合（小数点以下3位未満四捨五入））	円	I
	9 私道（AからIまでのうち該当するもの）円 × 0.3	円	J

自用地としての評価額

自用地の評価額	自用地1平方メートル当たりの価額（AからJまでのうちの該当記号）	地積	総額（自用地1㎡当たりの価額）×（地積）	
	（A）250,000 円	400.00 ㎡	100,000,000 円	K

（注）1　5－1の「間口が狭小な宅地等」と5－2の「不整形地」は重複して適用できません。
2　5－2の「不整形地」の「AからDまでのうち該当するもの」欄の金額について、AからDまでの欄で計算できない場合には、（第2表）の「備考」欄等で計算してください。
3　広大地を評価する場合には、（第2表）の「広大地の評価額」欄で計算してください。

（資4－25－1－A4統一）

土地及び土地の上に存する権利の評価明細書（第２表）

（平成十六年分以降用）

広大地の評価額	（正面路線価）　円 ×（0.6−0.05×（地積（　　）㎡ / 1,000㎡））（広大地補正率）※端数処理はしない ×（地　積）㎡	（自用地の評価額）円	L
セットバックを必要とする宅地の評価額	（自用地の評価額）円 −（（自用地の評価額）円 ×（該当地積）㎡ /（総地積）㎡ × 0.7）	（自用地の評価額）円	M
都市計画道路予定地の区域内にある宅地の評価額	（自用地の評価額）円 × 0.（補正率）	（自用地の評価額）円	N

大規模工場用地等の評価額	○ 大規模工場用地等 （正面路線価）円 ×（地　積）㎡ ×（地積が20万㎡以上の場合は0.95）	円	O
	○ ゴルフ場用地等 （宅地とした場合の価額）（地積）（　円 × ㎡×0.6）−（（1㎡当たりの造成費）円×（地積）㎡）	円	P

	利用区分	算式	総額	記号
総額計算による価額	貸宅地	（自用地の評価額）円 ×（1− 0.　）（借地権割合）	円	Q
	貸家建付地	（自用地の評価額又はS）100,000,000円 ×（1− 0.60（借地権割合）×0.30（借家権割合）×200㎡/200㎡（賃貸割合））	円 82,000,000	R
	（　）権の目的となっている土地	（自用地の評価額）円 ×（1− 0.　）（　割合）	円	S
	借地権	（自用地の評価額）円 × 0.（借地権割合）	円	T
	貸家建付借地権	（T, AAのうちの該当記号）（　）円 ×（1− 0.（借家権割合）× ㎡/㎡（賃貸割合））	円	U
	転貸借地権	（T, AAのうちの該当記号）（　）円 ×（1− 0.　）（借地権割合）	円	V
	転借権	（T, U, AAのうちの該当記号）（　）円 × 0.（借地権割合）	円	W
	借家人の有する権利	（T, W, AAのうちの該当記号）（　）円 × 0.（借家権割合）× ㎡/㎡（賃借割合）	円	X
	（　）権	（自用地の評価額）円 × 0.（　割合）	円	Y
	権利が競合する場合の土地	（Q, Sのうちの該当記号）（　）円 ×（1− 0.　）（　割合）	円	Z
	他の権利と競合する場合の権利	（T, Yのうちの該当記号）（　）円 ×（1− 0.　）（　割合）	円	AA
備考				

貸家建付地としての評価額です。

（注）1　区分地上権と区分地上権に準ずる地役権とが競合する場合については、備考欄等で計算してください。
2　「広大地の評価額」と「セットバックを必要とする宅地の評価額」は重複して適用できません。

相続税がかかる財産の明細書
（相続時精算課税適用財産を除きます。）

被相続人	佐藤 ××

第11表（平成21年4月分以降用）

○相続時精算課税適用財産の明細については、この表によらず第11の2表に記載します。

この表は、相続や遺贈によって取得した財産及び相続や遺贈によって取得したものとみなされる財産のうち、相続税のかかるものについての明細を記入します。

遺産の分割状況	区分	1 全部分割	2 一部分割	3 全部未分割
	分割の日	・　・	・　・	

財産の明細							分割が確定した財産	
種類	細目	利用区分、銘柄等	所在場所等	数量 固定資産税評価額	単価 倍数	価額	取得した人の氏名	取得財産の価額
				円	円	円		円
土地	宅地	貸家建付地	神奈川県横浜市××	400.00㎡	205,000	82,000,000		
	(小計)					(82,000,000)		
((計))						((82,000,000))		
家屋、構築物	家屋	貸家	神奈川県横浜市××	60,000,000	0.7	42,000,000		
((計))						(42,000,000)		
((合計))						((124,000,000))		

合計表		（各人の合計）					
財産を取得した人の氏名							
分割財産の価額	①	円	円	円	円	円	円
未分割財産の価額	②						
各人の取得財産の価額（①＋②）	③						

（注）1 「合計表」の各人の③欄の金額を第1表のその人の「取得財産の価額①」欄に転記します。
2 「財産の明細」の「価額」欄は、財産の細目、種類ごとに小計及び計を付し、最後に合計を付して、それらの金額を第15表の①から㉘までの該当欄に転記します。

●空室の間、別の用途のために使ってないかどうか。
●空室の期間が、亡くなる前後1か月程度など一時的かどうか。
●亡くなった後の賃貸も一時的なものでないかどうか。
などの観点で、一時的な空室であれば、賃貸割合でも空室としてカウントしないという扱いです。

佐藤さん　なるほど、考え方としては分かるが、今どきの少子高齢化で、いったん空室なったら1か月程度で埋まるなんてのは、よほど立地が良いところでないと難しいだろうなあ。

なら、家賃の取り立てはあきらめて、不動産屋が言うように一括借り上げにしようかな。満室でも空室でも一定期間の家賃は保証するっていうんですよ。

所長　一括借り上げでしたら、大家さんはその不動産管理会社に貸していることになるので実際に空室があっても原則として敷地全体が貸家建付地になりますよ。

佐藤さん　そうか。それがいいかなぁ。しかし、一括借り上げとは言え、空室ばっかりになったら賃料もさすがに下がるだろうし、どうしたもんじゃろの～。

所長　相続税の評価の問題以上に、賃貸料が思うように入らないと大変ですからね。特に借金して建てたような場合なんかは。古くなれば当然修繕費も嵩みますし。

相続税を物納する場合はもちろんのこと、将来売却の可能性があるなら更地のほうがいいし、節税ばかりでなく遺産分割しやすいように財産の組み替えをすることのほうが大事ということ

$$\text{かげ地割合} = \frac{\text{想定整形地の地積} - \text{評価対象地の地積}}{\text{想定整形地の地積}}$$

もありますよ。よく考えてから実行しましょうか。

所長の中級講座

先ほど紹介した土地は、よくある教科書どおりの、道路に対して直角に奥行きがある四角い整形地です。しかし、実際にはこのような土地は、むしろ少ないでしょう。そこで、ここでは、道路に対して直角ではない不整形な土地の評価方法の例を紹介します。

① 評価する対象地の地区区分（これは路線価図のところで見てください）と、地積別に地積区分表のA、B、Cのいずれに該当するか判定します。

② 道路に対して直角に、その土地の全体を囲む四角形を描きます。それを想定整形地として、その面積を計算します。奥行きは、想定整形地の奥行きと、不整形地の地積を間口距離で除した奥行きのどちらか小さいほうを奥行き距離とします。

次に「かげ地割合」を計算しましょう。

①で求めた地積区分と、かげ地割合を「不整形補正率表」にあてはめて不整形補正率を求めます。

③ 間口が狭い土地の場合は、間口狭小補正率表から求めた補正率を②で求めた

東京国税局(所)	×× 署
28 年分	60××ページ

（平成十六年分以降用）

土地及び土地の上に存する権利の評価明細書（第１表）

（住居表示）（　　　） 所在地番	東京都××市××	所有者	住所（所在地） 氏名（法人名）	東京都××市×× ○○ ○○	使用者	住所（所在地） 氏名（法人名）

地目	地積	路線価 正面	側方	側方	裏面	地形図及び参考事項
(宅地) 原野 田 雑種地 畑 山林［　　］	200.00 ㎡	120,000 円	円	円	円	

②

間口距離	12.55 m	利用区分	(自用地) 貸宅地 貸家建付地 借地権 私道	貸家建付借地権 転貸借地権 転借権 借家人の有する権利（　）	地区区分	ビル街地区 (普通住宅地区) 高度商業地区 中小工場地区 繁華街地区 大工場地区 普通商業・併用住宅地区
奥行距離	15.93 m					

自用地１平方メートル当たりの価額	計算	（1㎡当たりの価額）円	
	1　一路線に面する宅地 （正面路線価）　（奥行価格補正率） 120,000 円 × 1.00	120,000	A
①	2　二路線に面する宅地 （A）　［側方／裏面 路線価］　（奥行価格補正率）　［側方／二方 路線影響加算率］ 円 ＋（　円 × .　× 0.　）		B
	3　三路線に面する宅地 （B）　［側方／裏面 路線価］　（奥行価格補正率）　［側方／二方 路線影響加算率］ 円 ＋（　円 × .　× 0.　）		C
	4　四路線に面する宅地 （C）　［側方／裏面 路線価］　（奥行価格補正率）　［側方／二方 路線影響加算率］ 円 ＋（　円 × .　× 0.　）		D
	5-1　間口が狭小な宅地等　（間口狭小補正率）（奥行長大補正率） （AからDまでのうち該当するもの） 円 ×（　.　×　.　）		E
⑤	5-2　不整形地 （AからDまでのうち該当するもの）　不整形地補正率※ 120,000 円 × 0.88 ※不整形地補正率の計算 （想定整形地の間口距離）（想定整形地の奥行距離）（想定整形地の地積） 18.23 m × 17.69 m ＝ 322.4887 ㎡ （想定整形地の地積）（不整形地の地積）（想定整形地の地積）（かげ地割合） （322.4887 ㎡ － 200.00 ㎡）÷ 322.4887 ㎡ ＝ 37.98 % （不整形地補正率表の補正率）（間口狭小補正率）（小数点以下２位未満切捨て） 0.88 × 1.00 ＝ 0.88 ① （奥行長大補正率）（間口狭小補正率） 1.00 × 1.00 ＝ 1.00 ② ［不整形地補正率（①、②のいずれか低い率、0.6 を限度とする。）］ 0.88	105,600	F
	6　無道路地 （F）　（※） 円 ×（ 1 － 0.　） ※割合の計算（0.4 を限度とする。） （正面路線価）（通路部分の地積）（F）（評価対象地の地積） （　円 ×　㎡）÷（　円 ×　㎡）＝ 0.		G
	7　がけ地等を有する宅地　〔南、東、西、北〕 （AからGまでのうち該当するもの）　（がけ地補正率） 円 × 0.		H
	8　容積率の異なる２以上の地域にわたる宅地 （AからHまでのうち該当するもの）　（控除割合（小数点以下３位未満四捨五入）） 円 ×（ 1 － 0.　）		I
	9　私道 （AからIまでのうち該当するもの） 円 × 0.3		J

自用地の評価額	自用地１平方メートル当たりの価額（AからJまでのうちの該当記号）	地積	総額（自用地１㎡当たりの価額）×（地積）	
	（F）105,600 円	200.00 ㎡	21,120,000 円	K

（注）1　5－1の「間口が狭小な宅地等」と5－2の「不整形地」は重複して適用できません。
2　5－2の「不整形地」の「AからDまでのうち該当するもの」欄の金額について、AからDまでの欄で計算できない場合には、（第2表）の「備考」欄等で計算してください。
3　広大地を評価する場合には、（第2表）の「広大地の評価額」欄で計算してください。

（資4－25－1－A4統一）

地積区分表

地積区分 地区区分	A	B	C
高度商業地区	1,000㎡未満	1,000㎡以上 1,500㎡以上	1,500㎡未満
繁華街地区	450㎡未満	450㎡以上 700㎡未満	700㎡以上
普通商業・併用住宅地区	650㎡未満	650㎡以上 1,000㎡未満	1,000㎡以上
普通住宅地区	500㎡未満	500㎡以上 750㎡未満	750㎡以上
中小工場地区	3,500㎡未満	3,500㎡以上 5,000㎡未満	5,000㎡以上

③

④普通住宅地区A

不整形地補正率表

地区区分 地積区分	高度商業地区、繁華街地区、普通商業・併用住宅地区、中小工場地区			普通住宅地区		
かげ地割合	A	B	C	A	B	C
10%以上	0.99	0.99	1.00	0.98	0.99	0.99
15% 〃	0.98	0.99	0.99	0.96	0.98	0.99
20% 〃	0.97	0.98	0.99	0.94	0.97	0.98
25% 〃	0.96	0.98	0.99	0.92	0.95	0.97
30% 〃	0.94	0.97	0.98	0.90	0.93	0.96
35% 〃	0.92	0.95	0.98	0.88	0.91	0.94
40% 〃	0.90	0.93	0.97	0.85	0.88	0.92
45% 〃	0.87	0.91	0.95	0.82	0.85	0.90
50% 〃	0.84	0.89	0.93	0.79	0.82	0.87
55% 〃	0.80	0.87	0.90	0.75	0.78	0.83
60% 〃	0.76	0.84	0.86	0.70	0.73	0.78
65% 〃	0.70	0.75	0.80	0.60	0.65	0.70

57 — 56

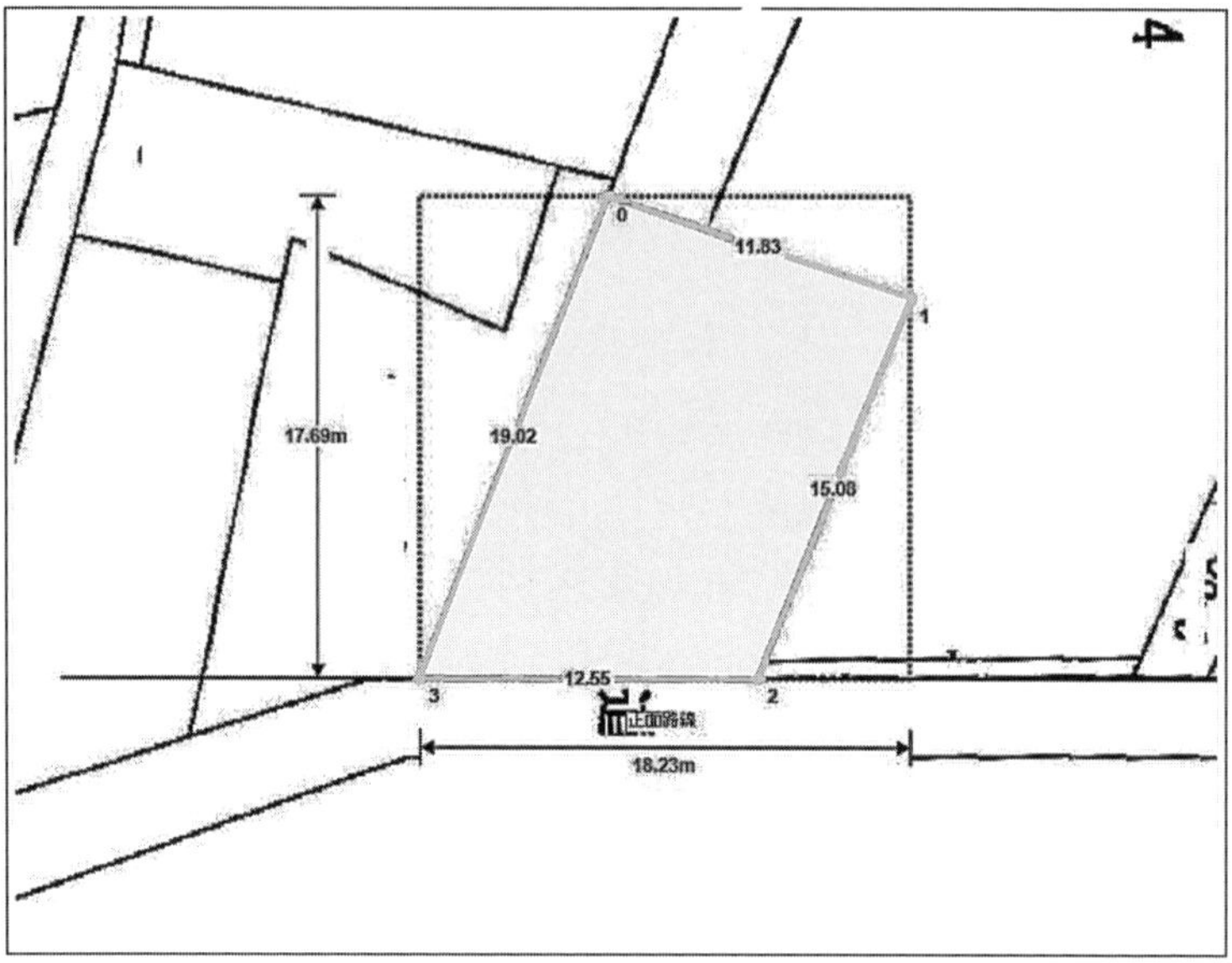

面積	200.00㎡
間口距離	12.55m
計算上の奥行距離	15.93m 〔面積÷間口距離＝15.93m＜想定整形地の奥行距離＝17.69m∴15.93m〕
想定整形地の面積	322.4887㎡〔18.23m×17.69m〕
陰地割合	37.98%〔(322.4887㎡－200.00㎡/322.4887㎡)

不整形補正率に乗じたものを不整形補正率とします（60％が下限です）。

④　奥行きが長い土地の場合は、不整形補正率を使用せず、間口狭小補整率×奥行長大補整率の数値を使うこともできます。

反省会

翼君　空室があっても、空室の期間や賃借人の募集をかけているかなどによって賃貸していると同じ扱いになるんですね。この扱いって、アパートではなくて戸建ての貸家の場合も同じですか？

所長　戸建て住宅の場合は、入居者がいなかったら貸家とは言えないわ。なので、その場合には、自用家屋、自用地として評価せざるを得ないの。

翼君　なるほど、空き家に借家権ないですもんね。戸建ての貸家の場合は相続開始時点の状況で空いていたら貸家とは評価できないってことですね。

所長　次の相談は、その空き家よ。今、全国で問題になっているし、新しい税制も出来たことだし、注目してね。

第3話　空き家　3,000万円控除は事前準備がキモ

所長　相続空き家の譲渡の特例が平成28年度税制改正でできたでしょ。

翼君　はい、相続で取得した空き家に耐震工事を施して建物と土地を売却するか、空き家を取り壊した上で土地を売却した場合、譲渡益から3,000万円を控除する制度ですよね。

確か、昭和56年5月31日以前に建築された古い家屋でないとダメでしたよね。

所長　そう、耐震性に疑問ある旧耐震住宅が対象ね。

近頃、空き家の放置で周辺環境が悪化する問題が深刻になってきているでしょ。倒壊や火災のリスク、衛生面や景観にも悪影響があるわ。

それにしても毎年平均して約6・4万戸の空き家が増えているってびっくりよね。しかもその半数以上が相続によるものだっていうの。

人口減少や都心部への人口集中が原因だけど、空き家だろうと住宅が建っていれば固定資産税や都市計画税が軽減されるっていう制度が一番の要因に思えるわ。

それについては批判も多く、固定資産税のほうでも、特定空き家（周辺の生活環境の保全を図るために必要な措置を取ることを勧告した空き家）の敷地については、軽減対象から外す措置をとるようになったのよ。

所長の基礎講座

相続空き家の譲渡特例は、平成28年4月1日から平成31年12月31日までの譲渡に適用される特例です。概要は次のとおりです。

適用対象資産

被相続人が居住していた次の要件を満たす家屋とその敷地。

① 相続開始の直前に被相続人が一人暮らしで他に住んでいた人がいなかった家屋。

② 昭和56年5月31日以前に建築された家屋（区分所有建物を除く）。

譲渡の範囲

相続の開始があった日以後3年を経過する日の属する年の12月31日までの間に行う譲渡（65ページの図を参照）で対価の額が1億円を超えないもので、次の要件に該当すること。

① 相続開始の時から譲渡の時まで、事業の用、貸付けの用または居住の用に供されたことがないこと。

② 耐震性のない場合は耐震リフォームをして、譲渡の時において地震に対する安全性に係る規定・基準に適合している家屋とその敷地であること、または譲渡の時までに家屋を除却して除却後の土地を譲渡すること。

併用特例

居住用財産の買換え等の特例との重複適用可、相続税の取得費加算の特例とは、選択適用。

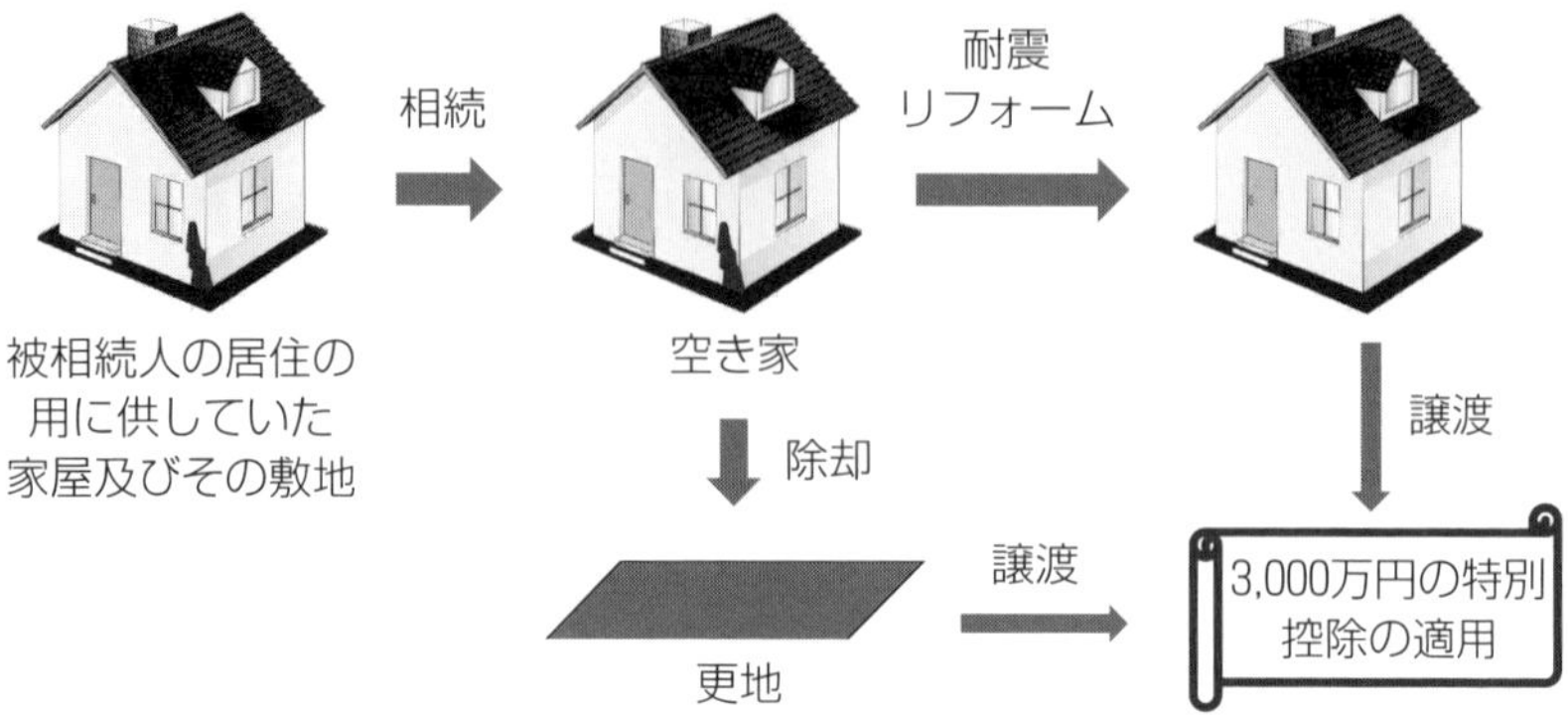

内野さん　遠方に一人で住んでいた父親が亡くなってしまい、その家をどうしたもんかと思案しているんですわ。

所長　内野さんが住むという選択肢はないんですね？

内野さん　私は私で職場の近くに家を建てているし、戻ることはできませんからね、住むことはまず不可能ですね。

所長　貸すという方法もありますが？

内野さん　交通の不便なところだし、なにしろ古いんでそれも無理かと。

所長　ずっと空き家というのも心配ですね。

内野さん　そうなんです。

古い家屋なんで取り壊そうかと思ったんですけど、家がないと固定資産税あがってしまいますでしょ。だからそのまま放っていて。

それでも、たまには見に行きますよ、そりゃ。

(A)取得費加算額　＝　相続税額　×　$\dfrac{\text{譲渡した土地等の相続税評価額}}{\text{債務控除前の課税価格}}$

(B)譲渡所得　＝　売却代金　－　その資産の取得費（もともとの購入価額等）　－　譲渡費用

風を入れないと傷むっていうし、庭の雑草の手入れくらいしないとご近所迷惑ですもんねぇ。

所長　取り壊しもしないで家だけ残っていても土地活用もできませんよね。

内野さん　そうなんです。いっそのこと家ごと売ってしまおうかな。相続税の足しにもなるし。

所長　それでは、相続財産を売る場合に使えるかもしれない2つの特例を説明しますね。

①　相続税額の取得費加算の特例と

②　相続空き家の譲渡所得の3，000万円特別控除の特例です。

①は、相続（または遺贈）で取得した資産を、相続があった日から3年10か月以内に譲渡した場合に、その資産に対応する相続税相当額を、取得費に加算して譲渡所得を計算することができるという制度です。取得費加算額は上記算式(A)で求めます。

譲渡所得は、その名のとおり、譲渡による所得、所得税の計算の元となる資産の売却益をさします。

具体的にいえば、上記算式(B)のとおりです。

その取得費に加算できるということですから、売却益は圧縮され所得税の負担が軽くなる、というわけです。この制度、実は平成27年から厳しくなってまして、それ以前は、譲渡した土地だけじゃなくて相続した全ての土地等に対応する相続税額が加算の対象だったんですけどね。

次に②の相続空き家の譲渡所得の3，000万円特別控除の特例ですが、概要は前述の基礎講座のとおりです。平成28年4月1日以後の譲渡が適用ですが、相続開始に遡って考えれば、平成28年中の譲渡で適用になるのは、平成25年以後に相続が発生したケースということになりますよ。

この2つの制度、両方適用することはできないんです。どちらか一つ有利なほうを選択することになりますね。

内野さん　3，000万円と取得費加算額を比較するってことですね？

所長　そうです。相続税の税率が高い人だとか、取得費加算制度の改正前の平成25年から平成26年の相続で、相続取得財産のうちに土地の占める割合が大きい人などが、取得費加算制度のほうが有利になることがあるでしょうね。ただ、3，000万円控除を適用するには除却するか耐震工事をするかですから、どっちにしてもお金はかかりますね。

内野さん　3，000万円控除だと実際いくら税金が安くなるんですか？

所長　譲渡の税率は、所得税と住民税合わせて20％（復興特別所得税合わせて20・315％）ですので、3，000万円引ければ、税金としては約600万円下がるってことです。実際には

○空き家特例適用年度早わかり図

除却費用なども譲渡所得から引けますからもう少し下がりますが。

内野さん　昔から持っていた土地ですからそれなりに譲渡益が出るでしょうから、特例を使えると助かりますが、手続き面倒じゃないですか？

所長　はっきり言って面倒です。空き家であったことを証明するために。空き家の所在地の市区町村長から「被相続人居住用家屋等確認書」の交付を受けなければならないんです。

所長の中級講座

確認書の交付を受けるには、空き家の所在地の市区町村に「被相続人居住用家屋等確認申請書」を次の①～⑥の書類とともに提出することが必要。さらに確定申告の際には、この確認書のほか、「譲渡所得の金額の計算に関する明細書」「登記事項証明書等」「耐震基準適合証明書等」「売買契約書の写し等」を添付しなければなりません。

① 被相続人の除票住民票の写し

② 被相続人居住用家屋の譲渡時（家屋を取り壊し更地にして譲渡する場合は、「取壊し、除却又は滅失時」）の相続人の住民票の写し

③ 当該家屋又はその敷地等の売買契約書の写し等

※当該家屋を取り壊し更地にして譲渡する場合は以下を提出

・当該家屋の取壊し、除却又は滅失後の敷地等の売買契約書の写し等

・当該家屋の除却工事に係る請負契約書の写し

④　以下の書類のいずれか

・電気若しくはガスの閉栓証明書又は水道の使用廃止届出書

・家屋の媒介契約を締結した宅地建物取引業者が、当該家屋の現況が空き家であること（家屋を取り壊し更地にして譲渡する場合は「空き家であり、かつ、当該空き家は除却又は取壊しの予定があること」）を表示して広告していることを証する書面の写し

・家屋又はその敷地等が貸付等の用に供されていなかったことを所在市区町村が容易に認めることができるような書類。たとえば、家屋の管理委託事業者、シルバー人材センター等が家屋の譲渡の時までに管理を行っていることの証明書など

⑤　当該家屋の取壊しから譲渡の時までの家屋の敷地等の使用状況が分かる写真（家屋を取り壊し更地にして譲渡する場合）

⑥　当該家屋の取壊しから譲渡の時までの間の敷地等における相続人の固定資産課税台帳の写し又は固定資産税の課税明細書の写し（家屋を取り壊し更地にして譲渡する場合）

いろいろ必要でしょう？　確定申告前にバタバタしないように準備進めないと、です。

内野さん　面倒すぎる！　これじゃまるで空き家じゃないのに空き家と偽って申告するって疑ってかかってるみたいじゃないですか。

所長　みたいじゃなくてそのとおりなんじゃないですか。居住用の3、000万円控除ってもともとの制度も、ホントに住んでたの？　って疑わしい例が後を絶たないようですからね。

内野さん　あっ、聞いたことがある。住民票だけ移して住んでることにしたけど、税務署に見つかって余計に税金かかったって嘆いていた友人がいましたよ。

反省会

翼君　空き家の3、000万円控除って、昭和56年5月31日以前に建てた建物限定なんですよね。もう少し広げてくれないかなあ。だって空き家が近くにあると、古くなくったって不安ですよ、僕。おばけでそうで……。

所長　おばけねぇ、高校のときの文化祭でお化け屋敷をやって～、じゃなくて……空き家のままなら確かご近所としても不安よね。最近、民泊なんかもよく聞くようになったから、そんな活用も増えてくるかもしれないけど。それはそれで、税金がどうなるかって不安かぁ。

翼君　ところで、空き家ではなくて居住用の3、000万円控除の話なんですけどね。この間、贈与税の配偶者控除の勉強しましたけど、あれを使って、家だけ配偶者のものにしたような場合、たとえば、家屋が妻、土地が夫、って状態になった場合で、その後、家屋と土地を売るようになったときはどうなんですか。

所長　いい質問ね、たまには。

翼君　最近、いい質問ばっかりですから。

所長　家屋の所有者と敷地の所有者が異なっている場合は、敷地の所有者からは原則として特例の適用はできないんだけど、特別な取扱いがあるのよ。

次の要件を満たしていれば、家屋の所有者から引ききれない控除額を敷地の所有者から引くことができるの。

①　家屋と土地を一緒に譲渡していること。

②　家屋の所有者と土地の所有者が親族関係で、かつ、生計を一にしていること。

③　土地の所有者が家屋の所有者とともに居住の用に供していること。

ということで、夫婦の場合は、普通はセーフね。

翼君　なんだか今日は相続税というより譲渡所得税の相談みたいになっちゃいましたね。

所長　いっそのこと所得税相談所にしちゃう？

翼君　いやいや、違うでしょ。

特定空き家等の固定資産税等

管理が不十分な空き家の放置は、火災の発生や建物の倒壊、衛生の悪化、防犯性の低下、景観の悪化等さまざまな問題を引き起こします。

また、人口の減少により空き家の増加は避けられないでしょう。そこで、空き家問題の解消を図るために制定された空き家等対策推進法（平成27年2月施行）では、管理の不十分な空き家とその敷地を「特定空き家等」として定め、特定空き家等の勧告を受けた場合は、固定資産税・都市計画税の負担が増すことになりました。

まず、市町村が、管理が不十分である空き家等であるかを調査し、特定空き家等に該当する場合は、その所有者等に対して除却や修繕、立竹木の伐採その他周辺の生活環境の保全を図るために必要な「助言・指導」を行います。

それでも所有者等が必要な措置を取らないときや、改善が不十分なとき、または期限までに完了する見込みがないときには、市町村は勧告を行います。

なお、「特定空き家等」の定義は以下のとおりです。

① そのまま放置すれば倒壊等著しく保安上危険となるおそれのある状態
② そのまま放置すれば著しく衛生上有害となる恐れのある状態
③ 適切な管理が行われないことにより著しく景観を損なっている状態

固定資産税の住宅用地の特例

（100円未満切捨）

	小規模住宅用地 （一戸につき200㎡以下）
固定資産税課税標準 （2,000万円）	1/6×税率（1.4%） 2,000万円×1/6×1.4%＝46,600円
都市計画税課税標準 （2,000万円）	1/3×税率（0.3%） 2,000万円×1/3×0.3%＝19,900円

合計66,500円

約3.6倍

特定空き家の勧告後

（100円未満切捨）

	商業地等 （更地・負担水準70%超の場合）
固定資産税課税標準 （2,000万円）	70%×税率（1.4%） 2,000万円×70%×1.4%＝196,000円
都市計画税課税標準 （2,000万円）	70%×税率（0.3%） 2,000万円×70%×0.3%＝42,000円

合計238,000円

④　その他周辺の生活環境の保全を図るために放置することが不適切である状態

「特定空き家等」の勧告があった場合には、１戸につき２００㎡以下の部分の住宅用地について、固定資産税では課税標準を評価額の６分の１に、都市計画税では３分の１にするという特例が受けられなくなります。特例適用前の課税標準が２、０００万円の住宅用地（２００㎡以下）で具体的にみてみましょう。

特定空き家等の勧告を受けると、固定資産税等の負担は６６、５００円から、２３８、０００円へと約３・６倍にも跳ね上がります。これに建物の固定資産税等の負担が加わります。

第４話　名義預金　こっそりじゃなくはっきりと贈与する

翼君　先生、なんかウチの入り口で喧嘩している親子っぽい二人がいるんですけど。
所長　電話があった親子だわね。お金のことで喧嘩しているって言ってたわ。
翼君　お、お、いわゆる争族というわけですね。
所長　そうじゃないのよ。お父さんの預金を調べたら、いつの間にか減ってたことに気がついた娘さんが、お母さんを問い詰めたら、これは私のお金だって言い張って困ってるっていう相談よ。
翼君　それってウチの仕事なんですかぁ。親子げんかなんて放っておけばいいじゃないですか。
所長　何を言っているのよ、名義預金のお話しよ。

所長の基礎講座

名義預金というのは、被相続人以外の方の名義になっている預貯金口座のことです。相続税の調査等で一番焦点になるのが、この名義預金なる存在で、真の所有者は名義人でなく被相続人じゃないのか、という問題なのです。

昔流行った（?）架空預金のことではありません。架空預金では、徳川家康さんとか西郷隆盛さんとかポチとかの名義が結構あったっていう話ですが、今じゃ金融機関が本人確認してますから、さすがにポチは無理でしょうね。

それに、架空名義のように、故意に財産を隠すために名義を分散した場合じゃなくても、今日の相談者のように、「これ、私のだもの」と思い込んでいる場合もありますから、なかなか理解してもらえないんですよね。

「私のだもの」で通ればいいのですが、実際、税務調査で指摘されたり、さらには裁判で負けたりしている例が後を絶ちません。

たとえば、

●妻名義の預金が名義預金とされた事例
●1歳の孫名義の預金が名義預金とされた事例
●被相続人が印鑑を使用して定期預金を設定しているから名義預金とされた事例
●20歳の若者が何百万円もの貯金ができるわけないから名義預金とされた事例
●贈与されたものだという主張が認められず名義預金とされた事例
●生活費をやりくりして貯めたへソクリ預金が被相続人の預金とされた事例

など、山ほどあります。

指摘された事例を分解すると、

① そのお金の出所（原資）は誰か
② 誰がその預金を管理しているのか
③ その預金を支配しているのは誰か

という3点がキモになっているのがわかります。

預貯金の原資は、そもそも自分で稼いだお金を貯めるか、相続や贈与でもらったお金を預け入れるか、宝くじで当たるかのいずれかでしょう？

そうなると、過去に勤労の実態がなかったり、あってもその稼ぎに比べて預貯金が多すぎたりした場合、その差額が相続や贈与でもらったものでもなければ、「怪しい」ということは何も税務署の職員でなくても感じるところです。

実際にあったお話しですが、相続税の申告のため資料を収集している過程で、亡くなった旦那さんの預貯金は１００万円というケースがありました。

しかし、このお宅、10年くらい前に旦那様名義の土地の売却で、多額の預金を得たはず、ということは分かっていましたから、亡くなった方の預金が１００万円はありえないだろうと、ご家族の預金の明細をお聞きしたところ、渋々出してくれた奥様の預金通帳には、なんと1億円。

奥様は魔女（古い……）ではなくて専業主婦。

さすがに「私のだもの」とはおっしゃらなかったので、嫌われる勇気を持って、奥様名義の預金のうち、実質旦那様のものと考えられる預金について相続財産に計上しました。

逆に言えば、自分が稼得したものだと言えるなら、怪しまれる心配はないわけです。稼いだお金を預けた口座を分別管理して自分の手許に通帳と印鑑を置いておく、相続で得たものであれば、遺産分割協議書やそのときの通帳を取っておく、贈与の場合には、その立証ができるようにする、など。

では贈与の証拠って、なんですかね？

「知ってる、知ってる。贈与税の申告をすればいいんでしょ？　贈与税の基礎控除は１１０万円だから１１１万円贈与して、贈与税１，０００円払っておけば問題ないっしょ」

いえいえ、裁決でこんなことを言われたのをご存じでしょうか。

「贈与税の申告及び納税の事実は、贈与事実を認定するうえでの１つの証拠とは認められるものの、贈与事実の存否は、あくまで具体的な事実関係を総合勘案して判断すべき」と。

申告も納税も贈与の１つの証拠に過ぎないよ、と言うわけです。

あまり大きな声では言えないので、ここで書きますが、親が子供や孫にこっそり贈与して、贈与税の申告も納税も親が行って、通帳を渡すと無駄使いするから、親が預かっておくね、という涙ぐましい親心を実践している方のいかに多いことか。

贈与は、「あげるよ」、「もらうよ」のお互いの意思で成立するものなので、こっそり、とか、預かっておく、とかダメなのですよ。最高裁でも、「たとえ公正証書があっても当事者間に贈与に関する申し込みと承諾のやりとりがなければ贈与は成立しない」と言ってるくらいですから。

それから、専業主婦（またはアルバイトやパート勤務で給与が少ない方）で、御自分の実家からの相続や贈与で財産をもらっていないというケースは、ほぼアウトです。

生活費をやりくりして貯めたヘソクリ預金さえ認めてくれないのは、無情だ‼って？

確かに！　離婚の際には、財産分与の考え方として、「たとえ名義は一方の配偶者となっていても他方の協力があってのことであり、潜在的に夫婦共有財産」という考え方が採られるのに、税金の世界はシビアです。

さて、今回のケースは、どうなるでしょう。

金子さん　先ほどは玄関先で親子喧嘩なんて始めてしまいましてホントお恥ずかしい。

いえね、娘が訳わからないことばかり言うもんですからアタマに来てしまいまして。だって私が家計を預かっているんですよ。学費だって生活費だって私がやりくりしてきたんです。それなのに、娘ったら、それは亡くなったお父さんの財産だからお父さんの相続財産として申告しないとバチが当たるって。

所長　バチはどうか知りませんが、延滞税やら過少申告加算税やら場合によっては重加算税には当たるかもしれませんよ。

金子さん　あらま、それは一体全体どういうこと？　私の話聞いてくれましたの？　私はね、主人からお金を全部渡されて、それで生活費を工面していたわけですよ。残りは自由に使いなさい、なんて言ってくれて、優しい夫でしたわよ。

所長　生活費で残ったお金をご主人から贈与されていたという証拠はありますか？　贈与契約書とか。

金子さん　やだ、そんな水くさいこと、夫婦でしますかいな。

所長　同様のケースで、「家庭生活を妻に委任し、その費用を妻に渡すことや一定の預貯金の管理運営を妻に任せることは有り得ることであり、その事実をもって任された妻の財産になるわけでもない」という裁決があります。

そのお金の元はご主人が働いて稼いだお金であって原資はご主人ということになります。たとえ、生活費の残りを自由に使っていいよ、と言われたとしても、その言葉をもって贈与契約があったとまでは言えないとする考え方からすると、名義預金と指摘される可能性は非常に高いと思いますね。いずれにしてももう少し詳しい話をお聞きしましょうね。

金子さんの娘さん　ほら、言ったとおりじゃない、お母さん。

先生、さっき生活費で残ったお金を贈与とかっておっしゃいましたけど、そうしていれば母の預金は自分の財産として認められるってことですか？

所長　はい、お父さんがお母さんに贈与の意思があったのなら、その意思をきちんと贈与契約書という書面にしておき、お金を受け取ったお母さんは、自分の名義の通帳と印鑑を管理して、年間110万円を超えるときは、贈与税の申告や納税をしていれば話が違ったでしょうね。夫婦の財布が一つというのは何も珍しくないことですが、名義預金の扱いには十分注意が必要ということですね。

反省会

翼君　結局、納得してくれて、奥さん自身の年金口座以外はお父さんの預金だと認めて相続財産に計上することになったのですね。あとから指摘されたりしたら過少申告加算税やら延滞税やらかかるし、面倒なだけですもんね。しかし、名義預金って怖いですよねぇ。対象は妻だけじゃないんですよね？

所長　そうね、お子さんもお孫さん、兄弟も場合によっては注意かな。

翼君　いったいどうやって調べたらいいんだろ。聞いても、「ない」って言われればそれまでですもんね。

所長　そういう場合は、亡くなった方の通帳をさかのぼって調べるの。さかのぼれるだけさかのぼって、お金の出し入れを見ていけば、どこかに振り込んでるとか、大きな額の引出があるとか。それを家族の通帳の履歴と照合すれば、だいたいのことは分かってくるわよ。それでこんな表で出し入れを見ていくと一目瞭然ね（預金の異動確認表をご覧ください）。

翼君　なるほど～。通帳捨てちゃったとか言われたら？

所長　金融機関に取引明細を出してもらう。

翼君　いやだと言われたら？

所長　バチが当たりますよ、と脅かす。

翼君　……。

所長　ところで、名義財産は預金だけじゃないから気をつけてよね。たとえば名義保険なんかに。

翼君　ん？　名義保険ですか？　契約者が妻だけど保険料を払い込んでいたのは夫だったとかって契約ですか。

所長　そう、夫が亡くなった場合に、契約者が妻で被保険者も妻の契約だと保険金は下りないから、見落としがちだけど、契約者が妻であっても実質的な保険料負担者が亡くなった夫の場合には「保険契約に関する権利」として、その契約の解約返戻金相当額が相続財産になるわよね。名義預金とされた通帳口座から保険料の引き落としがあったらそれは名義保険を疑わないとね。そうそう、保険契約といえば、平成27年に調書提出の改正があったわね。これも押さえておいてね。

翼君　次ですね。これどういう意味だろ。

●契約者死亡による契約者変更があった場合、保険会社等から税務署へ変更情報と解約返戻金相当額を記載した調書を提出する。

●生命保険金等の支払調書等について、保険契約の契約者変更があった場合には、保険金等の支払時の契約者の払込保険料を記載する。

妻名義							
○○銀行○○支店		○○銀行○○支店		○○銀行○○支店		○○銀行○○支店	
定期5678901		普通0012345		定期1002345		定期1200577	
5,001,453円		342,364円		8,567,148円		5,001,459円	
支払	入金	支払	入金	支払	入金	支払	入金
					3,000,000		
					相続財産に加算		
							2,000,000
							相続財産に加算
		2,000,000			2,000,000		
		満期保険金	2,000,000				
				保険料負担者が夫であれば、相続財産に加算			

[被相続人・配偶者等の預金の異動の確認表

(相続開始の日：平成28年5月23日）一定金額以上の入出金をチェックする。

名義人	本人（夫）名義							
金融機関	○○銀行○○支店		○○銀行○○支店		○○銀行○○支店		○○銀行○○支店	
預金種類 口座No.	普通1234567		普通2345678		定期3456789		定期4567890	
残高	5,632,854円		1,568,247円		28,601,452円		15,011,452円	
年月日	支払	入金	支払	入金	支払	入金	支払	入金
28.5.20	1,000,000	手許現金						
28.4.30								
28.4.25	3,000,000	妻に贈与						
28.2.15			5,000,000	定期へ振替		5,000,000		
27.12.25								
27.4.5			10,000,000	定期へ振替				10,000,000
27.3.15								
27.2.1			2,000,000	贈与契約なし				
27.1.15	1,100,000	長男に贈与						
27.1.15	1,100,000	長女に贈与						
26.12.20								
26.8.8	500,000	法事費用						
26.7.1			2,500,000	車購入				
26.4.30			満期保険金	3,000,000				
26.1.15	1,100,000	長男に贈与						
26.1.15	1,100,000	長女に贈与						
26.1.10								
25.12.11								
25.11.20								
25.8.2								
25.4.15								
25.4.1	退職金	15,000,000						
25.1.15	1,100,000	長男に贈与						
25.1.15	1,100,000	長女に贈与						

（27.1.15の長男・長女への贈与）相続財産に加算

（26.1.15の長男・長女への贈与）相続財産に加算

（25.1.15の長男・長女への贈与）３年以上経過しているため、加算不要

(A)

	旧契約	新契約
契約者（保険料負担者）	（亡）父	長男
被保険者	長男	

(B)

	旧契約	新契約
契約者（保険料負担者）	父	長男
支払保険料	800万円	200万円
被保険者	母	
保険金受取人	長男	
保険金	1,500万円	

1,500万円×800万円／1,000万円＝1,200万円→贈与税の対象

1,500万円×200万円／1,000万円＝300万円→所得税（一時所得）の対象

所長　要するに「生命保険契約に関する権利」の申告漏れへの対応ね。

(A)表のように、父親が亡くなって契約の権利を長男が受け継いでるにもかかわらず、契約の権利の課税モレがあったのね。

それから、(B)表のような場合に母親の亡くなった時点で、新旧の契約者の支払保険料を明確にすることで課税関係をはっきりさせる効果があるわね。

算式のように、満期保険金を支払った保険料で按分するの。満期保険金受取人は長男だから、父が払った分は贈与税の対象、契約者変更した後に長男自身が払った分は所得税（一時所得）の対象というわけ。保険だからなんでもかんでも相続税ってことではないので注意してね。

〈生命保険金等の課税関係〉

契約者	保険料負担者	被保険者	保険金受取人	保険事故等	課税関係
A	A	A	B	Aの死亡	相続により取得したものとみなされる。
B	B	A	B	Aの死亡	Bの一時所得となる。
B	A	B	B	Aの死亡	Bが生命保険契約に関する権利を相続により取得したものとみなされる。
A	A	B	A	Aの死亡	Aの相続人が生命保険契約に関する権利を相続により取得したものとみなされる。
B	1/2A 1/2B	A	B	Aの死亡	1/2をAから相続したものとみなされ、1/2はBの一時所得となる。
A	A	A	B	Aの 高度障害	課税されない（高度障害保険金の受取人であるAが受けとっても、代理請求でBが受け取っても課税されない）。
B	B	A	C	満期 Aの死亡	CがBから贈与により取得したものとみなされる。

相続放棄・限定承認

被相続人が多額の債務を抱えている場合、相続放棄や限定承認が選択肢となります。相続放棄とは、プラスの財産もマイナスの財産（債務）も相続しないということで、相続人一人ひとりが選択できます。

一方、限定承認とは、相続によって得た財産の限度において被相続人の残した債務について責任を負うということで、相続人全員で申立てをする必要があります。

相続人が、相続放棄や限定承認をしようとするときは、相続の開始があったことを知った時から3か月以内に家庭裁判所に、相続放棄や限定承認をする旨を申述しなければなりません。

相続放棄は、被相続人に借金が多いときだけのものではありません。

相続財産を長男など一人に引き継がせることに相続人のすべてが同意している場合や、相続財産にあまり価値がなく維持費がかえって高くついてしまうような場合、相続争いに巻き込まれたくない場合などにも相続放棄が選択されます。

ただし、この場合、遺産分割協議により何も取得しないことと効果は変わりませんので正式な放棄手続きを採ることは少ないでしょう。

では、相続放棄をしたときに、生命保険金や遺族年金、未支給年金などは受け取れるのでしょうか。

生命保険金は死亡保険金受取人の固有の財産であり、相続を放棄しても受け取れます。ただし、「みなし相続財産」に適用される「５００万円×法定相続人の数」の相続税の非課税の適用はできません（非課税の枠の計算上、法定相続人の数には相続を放棄した人も含まれます）。

遺族年金や未支給年金（死亡した年金受給者が本来受け取るはずの年金でいまだ支給されていない年金）は、それぞれ法律に基づいて受給するもので、相続放棄を行ってもこれらの年金受給権に影響はありません。

第5話　有価証券　ＮＩＳＡは非課税……ではない⁉

翼君　友人が買った株、すごく上がったっていうんですよ。ＮＩＳＡ口座なんで非課税なのは良いんだけど、投資枠が小さいのが残念だって。

所長　そうね。年間投資額１２０万円ですもんね。でも家族単位で考えれば、夫婦で２４０万円、ジュニアＮＩＳＡもできたので、子供２人で、１６０万円、合計４００万円が非課税で運用できるから、家族ぐるみで投資をするならＮＩＳＡ口座はお得よね。

ただ、ＮＩＳＡって譲渡益が非課税の代わりに、損しても他の口座の株の譲渡益なんかとは通算できないのよ……。

翼君　金融証券税制って一概に損得勘定はできませんね。相続の評価も複雑なんですかね。

所長　相続の評価は、非上場株は複雑だけど、上場株の評価は難しいことはないわよ。

所長の基礎講座

ＮＩＳＡ（少額投資非課税制度）口座で買付け等した上場株式等の配当や譲渡益は最長５年間非課税になります。ＮＩＳＡとジュニアＮＩＳＡの内容は次のとおりです。

	NISA	積立NISA	ジュニアNISA
口座開設対象	その年１月１日において20歳以上の居住者等	同左	その年１月１日において20歳未満の居住者等
口座開設期間	平成26年～35年（2014年～2023年）	平成30年～49年（2018年～2037年）	平成28年～35年（2016年～2023年）
対象金融商品	上場株式、株式投資信託等	一定の公募等株式投資信託	NISAと同じ
非課税枠	年間120万円	年間40万円	年間80万円
非課税期間	５年間（ロールオーバー可）	最長20年間	５年間（ロールオーバー可）ただし、平成36年以降も、その年１月１日に20歳である年の前年12月31日まで非課税保有可
非課税対象	配当等、運用益		
譲渡損	他の上場株式等の譲渡益、配当等との通算はできない。		
払出しの制限	なし	なし	その年３月１日に18歳である年の前年12月31日までは払出しができない。

月野さん　私の持っている不動産って、自宅くらいなんですが、株や投資信託は結構あちこちに口座を持ってるんですわ。

　ＮＩＳＡ口座もありますしね。私に万一があった場合には、それらはどうなるんでしょう。

　ＮＩＳＡは非課税口座だから相続でも非課税なんですよね？

所長　ＮＩＳＡ口座にある上場株式等は、亡くなった日においてその日の終値で譲渡したものとみなす扱いにより譲渡所得は非課税になります。

　ただし、相続財産としては、ＮＩＳＡ口座であっても特定口座や一般口座であっても、上場

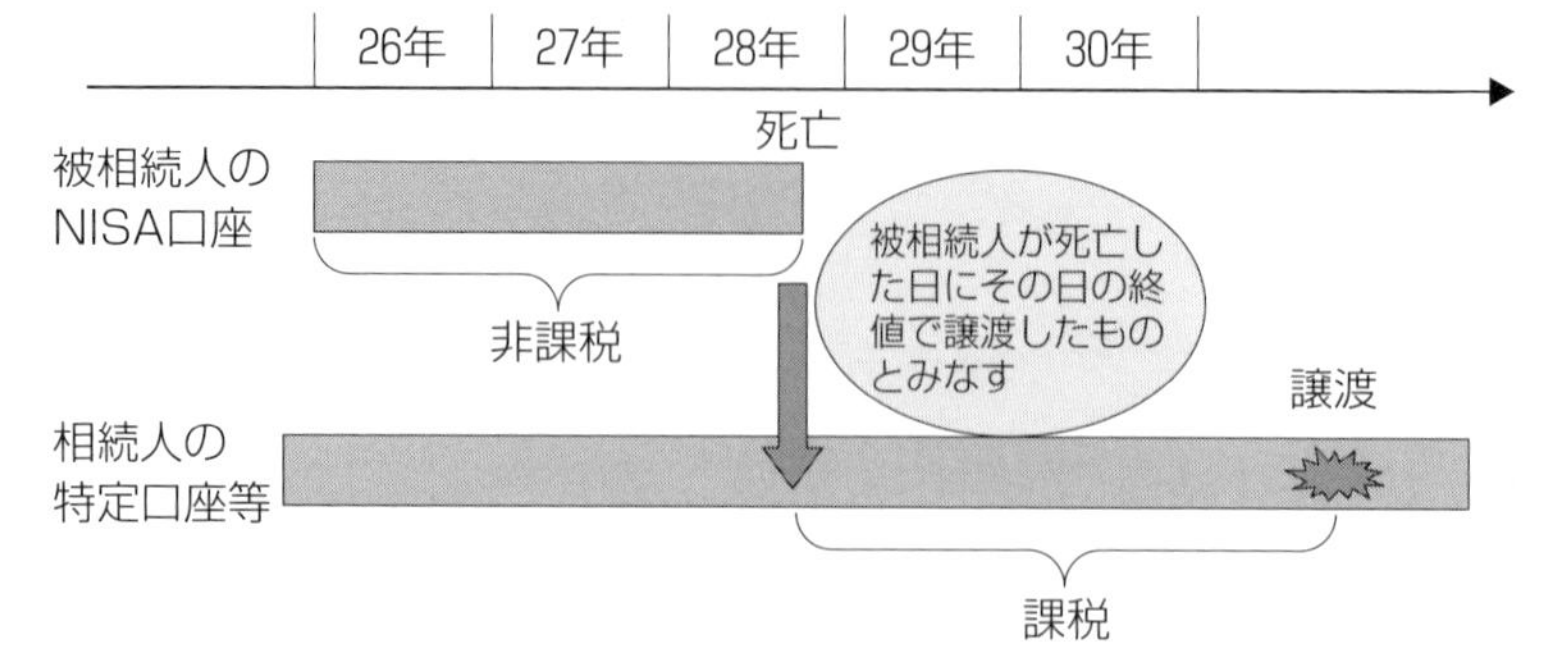

※相続人等がNISA口座を開設している場合でも相続等により取得した上場株式等は相続人のNISA口座に受け入れることはできない。

株式なら、左記の評価となります。

上場株式の評価方法

その株式が上場されている金融商品取引所の公表する最終価格に基づいた次の４つの金額のうち、最も低い金額によります。

① 相続開始日の最終価格
② 相続開始日の属する月の最終価格の月平均額
③ 相続開始日の属する月の前月の最終価格の月平均額
④ 相続開始日の属する月の前々月の最終価格の月平均額

なお、相続開始日が日曜日などで終値がない場合は、その前後のうち最も近い日の最終価格によります。

月野さん　ＮＩＳＡ口座のある上場株式等は相続があった日に譲渡したものとみなすってことですけど、相続人のＮＩＳＡ口座に入れられるんですか？

所長　いいえ、残念ですが、それはダメなんです。
　ＮＩＳＡ口座には入れられないので、相続人の方が、その後、その株式等を売却したときには、相続時の価格と売却時の価額の差額について利益が出ていれば課税の対象になります。
月野さん　わかりました。
　ところで、ＮＩＳＡ口座のジュニア版って、相続税対策にも使えるって聞いたんですが、そうなんですかね？
所長　ジュニアＮＩＳＡは、赤ちゃんから使えますけど、口座の運用管理は親権者である親などが行いますし、元手となる投資資金だって一般的には未成年者に収入や資産がないので、親などからの贈与が想定されますでしょ。年間80万円なら贈与税の基礎控除以下ですし、それだけなら贈与税なしに移転できますね。
　もちろん、相続税対策としての贈与なら、基礎控除を超えて贈与したほうが有効なことも多いので、どうするかは相続税の試算をしてみることを勧めますけど。ただ、ジュニアＮＩＳＡの対象は未成年者ですから、贈与税の税率は一般贈与（131ページ参照）です。特例贈与には該当しませんので気をつけてくださいね。
月野さん　相続対策もしながら資産運用は、なかなか面白いかもしれないな。
　ところで、上場株式なら評価はそんなに大変じゃないとかって言われましたけど、非上場株式を持っていたらどうなるんですか？

所長　それは結構難しいですよ。非上場株式は上場株式のような時価が分かりませんから、相続税ではある特殊な方法で評価します。とてもやっかいですから、非上場株式をお持ちの場合は、その会社に問い合わせるとか税理士に評価を頼むとかしたほうがいいと思いますよ。

月野さん　私は持ってないけど、近所の人は不動産管理会社を設立して社長になったんだとか言ってたなあ。それも評価の対象に？

所長　その方が、その会社の株を持っていれば、評価の対象ですね。ご家族がすべて自分の預金から出資して、本人は社長しているだけ、っていうのならご本人の財産評価には関係ありませんけどね。

反省会

翼君　さっきの月野さんには具体的な内容は端折ってましたが、非上場株式の評価もさわりだけ教えてくださいよ。

所長　さわりだけ、って難しいのよ。だいたい税金の話って厳密に話さないと誤解を招く恐れがあるのよ、だけど、厳密に話すと難しくてわかりにくくなっちゃうから、その加減にいつも悩む……。

非上場の株式の評価も、概略だけ言うと、基本的には①市場ベースの類似業種比準価額方式と②純資産ベースの純資産価額方式の２つの方式を組み合わせて評価するのよ、以上。

翼君　え～それだけ？

特別縁故者

法定相続人がゼロで、遺言もないという場合には、遺産は最終的には国庫に帰属すると説明しました（第1話）が、国庫に帰属する前に遺産が分与されるケースがあります。それが、「特別縁故者に対する財産分与」という制度です。

民法では、原則として配偶者と一定範囲の血族にのみ相続権を認めていますが、法定相続人も遺言もない場合、亡くなった人との間に特別な繋がりがあった人（特別縁故者）に亡くなった人の財産の分与の請求を認めています。

特別縁故者として民法第958条の3は、①被相続人と生計を同じくしていた者、②被相続人の療養看護に努めた者、③その他被相続人と特別の縁故があった者、を挙げています。

①の例としては、内縁の妻や事実上の養親子関係にある者などがあります。

②の例としては、対価を得て看護・介護を行っている場合は除かれますが、対価を超える看護・介護を行っていた場合には、看護師や介護士でも特別縁故者として認められるケースはあるようです。

③の例としては、遺言はないが「私が死んだら財産をあげる」といった約束をしている場合や、被相続人から常日頃から援助を受けていた場合などが考えられます。

特別縁故者が被相続人の財産を取得するためには、家庭裁判所に「特別縁故者」として認められる必要があり、また財産のすべてを取得できるとは限りません。それでは、特別縁故者が財産を取得するまでのプロセスをご説明します。

1　相続人がいるかいないか不明な場合、利害関係者（被相続人の債権者や特別縁故者）または検察官の請求により相続財産管理人が選任されます。

2　相続財産管理人選任の公告がなされた後2か月以内に相続人の存在が明らかにならないときは、相続財産管理人は最短でも2か月の期間を設け、相続債権者・受遺者に対して請求の申出をするよう公告を行います。

3　それでも相続人の存在が不明な場合は、最短で6か月の期間を定め、相続人捜索の公告を行います。

4　それでも相続人が現れない場合は、相続人の不存在が確定します。

5　特別縁故者は、このときから3か月以内に家庭裁判所に申立をします（８００円の収入印紙が必要）。……そして家庭裁判所が判断

以上のとおり、特別縁故者が被相続人の財産を取得するまでにはとても時間がかかります。特別の関係がある人に財産を残したい場合には、自分の死後にその人が確実に早期に財産を取得できるよう、遺言を残しておくことをおすすめします。

第6話 ゴルフ会員権　まずは取引相場をチェック

所長　青い芝生でドライバーを思いっきり振り回してみたいもんだわ。

翼君　芝生って緑ですけど～。昔の人ってどうして緑を青って言うんだろ。

グフフフ……。

所長　ドライバー持ってきてちょうだい。ここで振り回したくなったわ。

翼君　コワ～。

と、ところでゴルフ場の会員権の相場って今どうなってるんですか？　友人が買いやすい価格になったから会員権買ったんだなんて自慢してて。

所長　買いやすい価格ってことは、昔から持ってた人にとっては下がったってことよね。会員権を売却した人の税金はどうなるの？　答えてみて。

翼君　相続税じゃなくて所得税のテストですか？　フェイントだなあ。ちょっと待ってください。所得税の教科書によりますと、お！　ゴルフ会員権の売却で出た損失は給与と通算できるって書いてあります！

所長　いつの本見てるの？

ゴルフ会員権の譲渡損は、損益通算不可になっているわよ。もう大昔に。

翼君　えっ！　大昔って……大げさなんだから。ウ〜〜〜。
　ネットによりますと、平成26年４月１日以後から損益通算不可だって書いてありますよ。26年って言ったら、ついこの間じゃないですかぁ。
所長　毎年、税制は改正されるんだから。２年も前なら大昔でしょ。
翼君　ハ〜イ。それにしても税制って変わりすぎ！

所長の基礎講座

　先ほどのＮＩＳＡでも話題に上りましたので、相続税には直接関係のない言葉ですが、損益通算について、チョット確認しておきましょう。

　損益通算というのは、所得税のお話で、不動産所得、事業所得、山林所得、譲渡所得の計算で生じた赤字の金額を、その他の所得の黒字の金額と通算できるという制度です。

　たとえば、サラリーマンが相続で土地を取得して、その上にアパートを建てたとしましょう。不動産経営を始めて間もない頃は、減価償却費や借入利息などで赤字になることはよくありますね。仮に不動産所得で５００万円の損失が出た場合には、給与所得から、その分を引いてくれるという制度です。その結果、勤務先の会社から徴収された所得税が、確定申告をすることで戻ってくるのです。

　この損益通算ができる所得の一つとして、「譲渡所得」がありますが、土地や建物の譲渡などは損益通算の対象にはなりません。

ゴルフ会員権の譲渡損失も平成26年3月31日までの譲渡については損益通算が可能でした。平成26年以前から何度も、いよいよゴルフ会員権も改正されて損益通算はダメになる、と言われていながら、結構長く生き残ったという経緯がありますので、未だに大丈夫と思っている方がいらっしゃいます。翼君は、勉強不足でそう思っていましたが、いずれにせよ、もうダメですので気を付けましょう。

それにしても、平成26年3月31日までに値下がりしたゴルフ会員権を処分できたかどうかで、だいぶ違いが出ますよね。

芝野さん　ゴルフ会員権を相続で名義書換したんですけどね、相続財産としては、どんな評価になるんですかね。たとえ、相続を機会に売ったとしても売り買いの相場って結構幅があって、ひとつに決まるわけでもないいんですがね。

所長　一口にゴルフ会員権と言っても、年会費を払えば優先的にプレーできるような優待券的なものと、株主会員制や預託金会員制のものなどさまざまですね。

このうち、ゴルフ場施設で単にプレーをするだけのものについては相続税の課税の対象になりません。

株主会員制と預託金会員制は、その種類によって次のように計算をして、その額を相続税の

ゴルフ会員権の評価

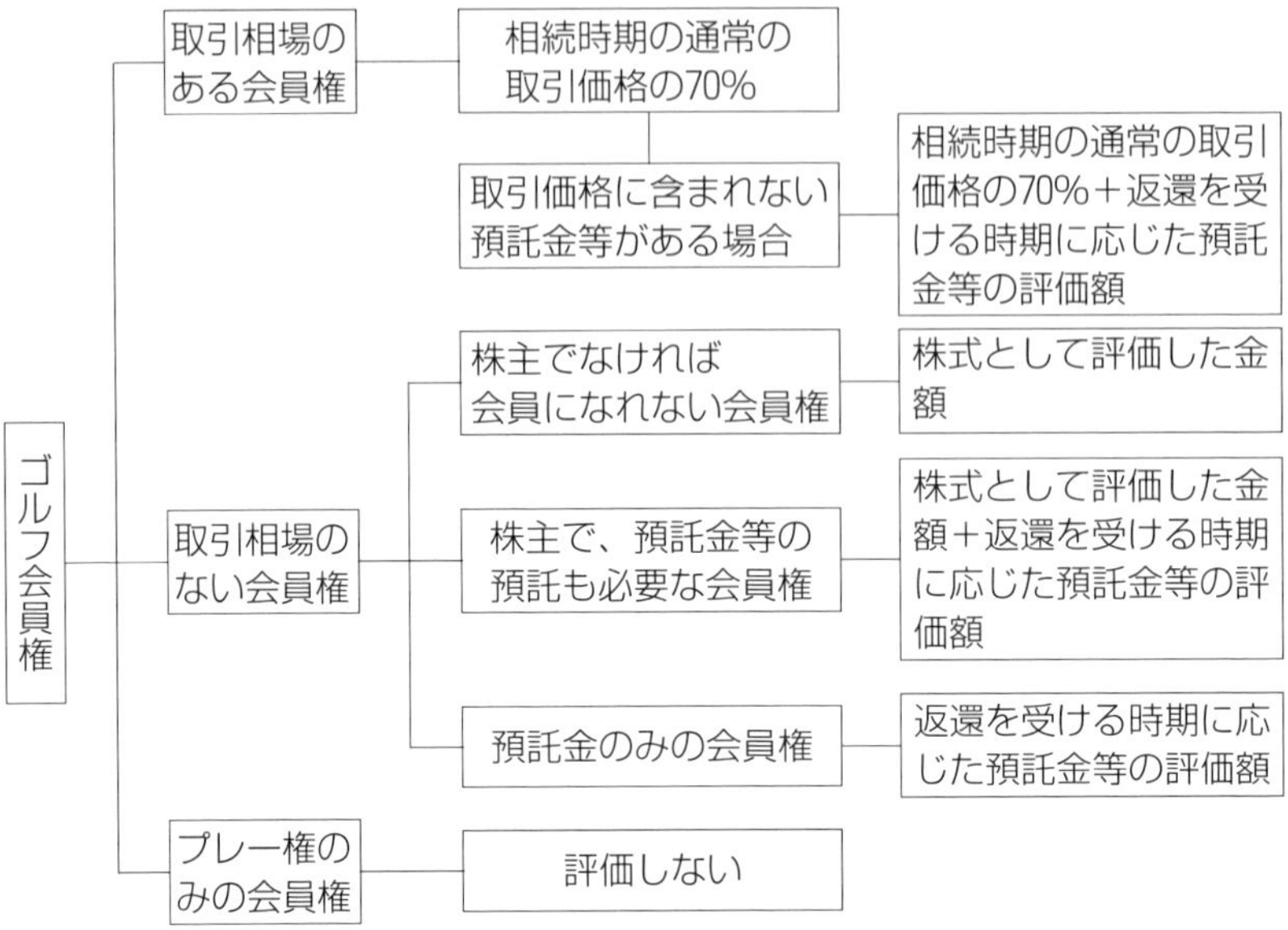

申告書の第11表に記載します。

たとえば、株主会員制で相続開始の日の相場が1、500万円だったとすれば、評価額はその7掛けで、1、050万円ということになりますね。

芝野さん　普通、取引価格に預託金も織り込まれると思うだけどな、その場合には預託金は加算しなくていいですよね？

所長　はい、価格に織り込まれていれば不要ですよ。

ただ、名義変更のときに追加の預託金が必要なケースで、その預託金を退会や譲渡の際に別途返還を受けられるような場合など取引価格には含まれないときには合算してね、ということです。

追加された預託金が当初の預託金と一体化されて、取引価格に織り込まれるよ

相続税がかかる財産の明細書
（相続時精算課税適用財産を除きます。）

被相続人	

第11表（平成21年4月分以降用）

○相続時精算課税適用財産の明細については、この表によらず第11の2表に記載します。

この表は、相続や遺贈によって取得した財産及び相続や遺贈によって取得したものとみなされる財産のうち、相続税のかかるものについての明細を記入します。

遺産の分割状況	区分	1 全部分割	2 一部分割	3 全部未分割
	分割の日	・・	・・	

財産の明細 種類	細目	利用区分、銘柄等	所在場所等	数量 / 固定資産税評価額	単価 / 倍数	価額	分割が確定した財産 取得した人の氏名	取得財産の価額
その他の財産	その他	ゴルフ会員権 ○○カントリー	××市○○○	円	円	円 1,050,000	○○△△	円 1,050,000
	(小計)					(1,050,000)		
(計)						(1,050,000)		
((合計))						((1,050,000))		

合計表		(各人の合計)	○○△△				
財産を取得した人の氏名							
分割財産の価額	①	円 1,050,000	円 1,050,000	円	円	円	円
未分割財産の価額	②						
各人の取得財産の価額（①＋②）	③	1,050,000	1,050,000				

（注）1 「合計表」の各人の③欄の金額を第1表のその人の「取得財産の価額①」欄に転記します。
2 「財産の明細」の「価額」欄は、財産の細目、種類ごとに小計及び計を付し、最後に合計を付して、それらの金額を第15表の①から㉘までの該当欄に転記します。

うな場合は、合算の必要はないことは言うまでもないですけど。
　どちらなのかは、ゴルフ場の経営会社に聞いたほうがいいですよ。

芝野さん　70％するのはどういうわけ？　安い分には文句はないけどさ。

所長　上場株式のような公開された市場があるわけでもなく、会員権取引業者が仲介したり、相対で取引することもありますでしょ。仲介会社だって、業者ごとにバラツキもあるでしょ。なので、その分割り引いて安くしてくれてるわけです。70％が妥当かどうかは別の問題ですが。

芝野さん　なるほど。それはいいね。それと実はゴルフ場の近くに温泉付きのリゾート会員権ももっているんだけど、それも載せなきゃだめ？　不動産の共有部分と施設利用契約が一体となっている会員権で仲介会社から買ったんだけど。

所長　取引相場のあるリゾート会員権なら、それもゴルフ会員権と同様に、亡くなった日の取引相場の70％で評価してください。

反省会

翼君　ゴルフ会員権やリゾート会員権持っている人って、僕の周りにはあんまりいないお金持ちの方って感じがしますが、相続税の基礎控除が下がって、ちょっとだけ超えちゃった、という人でも気を付けないといけない相続財産って他にどんなものがあるんですか。

所長　生活用動産なんかも評価の対象ね。相続開始の時に、それらを再取得した場合の価額（再調達価額）が基本だけど、そんなの調べる方法もないし、実務的には、正直おおざっぱな評価になるわねえ。

それから、被相続人が商売をしていたケースだと、事業用財産として、什器類、商品、材料、売掛金、受取手形なども評価の対象だし、不動産貸付をやっていた場合、建物は貸家として不動産の評価に含まれるけど、駐車場なんかは、アスファルト（構築物）の価額を評価しないとね。

あとは、相続開始後に受ける配当、税金の還付金とか、電話加入権とか、いろいろね。ただし、国民年金や厚生年金の未支給分については、相続財産ではなく、請求した遺族の一時所得という扱いになっているから計上不要よ。

前にも言ったけど、保険契約の権利なんかは本当に忘れがちだから気を付けないと。それから見落しがちなのが貸付金よ。明日の相談者は、確か貸付金だったわよね。お楽しみね。

翼君　お楽しみっていうのは、ゴルフとか温泉とかを言うんじゃないかなぁ〜。

【参考】

一般動産の評価

評価区分	１個または１組ごとに評価する。ただし、家庭用動産、農耕用動産、旅館用動産等で１個または１組当たりの価格が５万円以下のものはそれぞれ一括して一世帯、一農家、一旅館ごとに評価する。
評価方法	①売買実例価額・精通者意見価格等が明らかな場合はその価格を参酌する。 ②売買実例価額・精通者意見価格等が明らかでない場合は、その動産と同種・同規格の新品の課税時期における小売価格から定率法による償却費の合計額または減価の額を控除して評価する。

棚卸資産の評価

区分	評価方法
商品、製品	販売価額－(適正利潤、経費、消費税額)
原材料	仕入価額＋(引き取り運賃、その他経費)

電話加入権の評価

区分	評価方法
取引相場のあるもの	通常の取引価額
その他 (特殊番号を除く)	国税局の定める標準価額 (平成28年東京国税局管内は1,500円)

配当の評価

区分	内容	評価方法
配当期待権	配当の基準日から配当決議日の間に相続が開始した場合	期待配当額－源泉徴収税額
未収配当	配当決議日から支給日の間に相続が開始した場合	配当額－源泉徴収税額

美術品・骨董品

美術品や骨董品の類も相続財産に含まれることは当然としても、一体どう評価すればよいのでしょうか。

書画・骨董品の評価は、「精通者意見価格等を参酌して評価する」とされています。したがって一番正確な評価は鑑定評価です。しかし、鑑定評価には当然安くはない費用が掛かりますし、それを相続財産から控除することはできません。

購入したときの値段が分かっていれば、それを参考にすることもできます。古美術商などのところへ持って行って、買取り価格を出してもらうこともできます。とは言っても、何十万円レベルの書画・骨董品であれば、家具や電気製品などと合せて、「家財道具一式」として何十万円かを遺産総額に含めれば良いこととされています。

一方、何百万円もする高額なものは、きちんと鑑定評価を取る方が安全です。高額な美術品や骨董品を購入したことがある場合や、所有する美術品を美術館等に貸し出したことがある場合は、税務署が情報を把握していると考えるべきです。価値の高い美術品・骨董品を所有している場合で、個別に評価せず「家財道具一式」に含めたり、根拠もなく低い価格で申告するようなことは御法度です。

相続財産に美術品等が含まれることによって相続税が高くなるという場合に、それを美術館等に申告期限までに寄贈することによって、相続財産に含めないことができます。

日本画家の奥村土牛の遺産相続で、このままでは相続税が払えないからと素描を大量に燃やしたという逸話があります。実際は、遺族が「後世に残す価値がない」と判断したものだけを燃やしたということのようですが、大変興味深い逸話ですね。

また、遺族は、山種美術館へ絵画8点の寄贈も行いましたが、その評価額が総額3億5千万円だったそうです。

美術品を相続したけれど、相続税が払えないという場合に、その美術品を物納することはできるのでしょうか。美術品は、物納財産の順位では公債・不動産、株式・社債、に次ぐ第3順位の動産に該当しますので、上位の財産がない場合は物納が可能ですが、実際にはなかなか難しいようです。

第7話 貸付金 会社の経営状態で評価も変わる？

翼君 この間言ってました、お楽しみの貸付金が今日の相談内容ですね。期待してたのに、なんだぁ、なんてことになりませんかね、心配だなぁ。所長の笑いのツボって、よくわかんないし。

所長 ひとこと余計よね。

亡くなった人が、誰かにお金を貸したまま、亡くなったらどうする？ それが相続されないとすると、借りた人が得してしまうでしょ、それにそもそも貸していなかったら、被相続人の預貯金などとして財産として手許に残っていたはずでしょ。

なので、貸付金債権はその権利の評価額を財産として計上しないとならないわけね。第11表にこんなふうにね、次ページ見て。

やっかいなのは、貸付金の相手が自分の同族会社の場合。ありがちでしょ。自分のお金を自分の会社につぎ込んで、ってパターン。

翼君 あるある。うちの関与先でも、社長借入が数千万円って会社いくつかありますもんね。でも、借りているのが自分の会社でしょ。だったら貸し借りゼロでいいじゃん？ と思いますけども。

所長 個人法人合算税制、面白い、…けど、そんなものありません。

相続税がかかる財産の明細書
（相続時精算課税適用財産を除きます。）

被相続人	

第11表（平成21年4月分以降用）

この表は、相続や遺贈によって取得した財産及び相続や遺贈によって取得したものとみなされる財産のうち、相続税のかかるものについての明細を記入します。

遺産の分割状況	区分	1 全部分割	2 一部分割	3 全部未分割
	分割の日	・・	・・	

財産の明細 種類	細目	利用区分、銘柄等	所在場所等	数量 / 固定資産税評価額	単価 / 倍数	価額	分割が確定した財産 取得した人の氏名	取得財産の価額
その他の財産	その他	貸付金	○○○	円	円	3,000,000円	○○××	3,000,000円
	(小計)					(3,000,000)		
((計))						((3,000,000))		

合計表		(各人の合計)					
財産を取得した人の氏名			○○××				
分割財産の価額	①	3,000,000円	3,000,000円	円	円	円	円
未分割財産の価額	②						
各人の取得財産の価額（①＋②）	③	3,000,000	3,000,000				

（注）1 「合計表」の各人の③欄の金額を第1表のその人の「取得財産の価額①」欄に転記します。
2 「財産の明細」の「価額」欄は、財産の細目、種類ごとに小計及び計を付し、最後に合計を付して、それらの金額を第15表の①から㉘までの該当欄に転記します。

○相続時精算課税適用財産の明細については、この表によらず第11の2表に記載します。

小林さん　うちの近所は、昔から機械部品工場が多くてね、私も先代から引き継いだ会社で部品製作をしています。

今ではちょっとは持ち直したような気もしますが、一時は資金繰りが大変でね、銀行も貸してくれないし、それで、私財を投げ打って、なんて言うと大袈裟ですが、自分名義の土地を売ったお金を会社に貸したりして、なんとか乗り切ってきたというわけでして。

気が付くと会社に私が貸した借入金が9、000万円にまで膨れ上がってしまっていて。

所長　会社が持ち直してきている、ということは、その借入金の返済も可能ということですよね？

小林さん　まあ、少しずつなら返せないことはないですけどね。だけど返済してもらうと、私の預金が増えてしまうから、相続税のこと考えたら返してもらわないほうがいいんじゃないかと思って。

所長　いえいえ、返してもらっていなくても、貸付金としての価値がある以上、貸付金そのものが相続財産になりますよ。評価額は、原則として貸付金の額面金額と利息として受け取るべき金額があれば、その合計額になります。

小林さん　実は、さっきは見栄を張って、持ち直したなんて言いましたが、実際のところは厳しいんですわ。会社の株価としては、どう考えてもゼロだって、顧問税理士が言ってたし。この先、良くなる見込みもなくてね……トホホ。

所長　それなら、話は少し違います。財産評価基本通達の205というところに、貸付債権として計上しなくていいケースが載っています。具体的には手形交換所で取引停止になった場合とか、破産だとか、業績不振のせいで6か月以上休業しているとか。

また、そういう事実がなくても、「その他、その回収が不可能又は著しく困難であると見込まれるとき」の場合は、元本に入れなくていいって書かれていますから、それに該当するかどうかの検討をしてから判断するということになりますよ。

ただ、裁決などによると、かなり厳密な判定が求められているようです。単なる債務超過とか赤字が続いているとか、売上が減少している程度では、回収見込みが不可能とまでは言えないって。

小林さん　なるほど。会社の経営状態が良くなっていれば貸付金にも価値があるだろうって理屈はもっともだし、会社がもうどうしようもなくダメになっていれば返済できないから、貸付金の価値もないことになると。

う～ん、だけど税金高くなっても会社が良くなるほうがいいなあ。

所長　そうですよ。本末転倒になるような節税対策しても意味ないですから本業頑張りましょうね。それから、もし会社から貸付金を返してもらわなくていいや、ということであれば、元気なうちに債権放棄をするという方法もありますよ。中小企業の場合、会社に借入額以上の（繰越）欠損があれば、課税もなしですみますし。

小林さん　その場合、私は損したことになるので、何か税金で救済は？

所長　ないですね。強いて言えば、貸付金の利息をもらっている場合は、その利息は社長さんの雑所得として所得税の申告しているはずですので、その利息が債権放棄の損失と相殺されるくらいですね。

一つ気を付ける点は、会社の株主が社長以外にもいらっしゃる場合、社長が債権放棄することによって、会社の純資産が増える結果、他の株主さんが持っている株価の価値が上昇してしまう可能性があります。みなし贈与税が課せられるってこともあり得ますので、気を付けてくださいね。

小林さん　混乱してきたぞ。まあ、まだ先のことだし、とりあえず会社を立て直すことに専念しよう。

所長　それが一番ですね。

反省会

翼君　結局、貸付金の何がそんなに大事だったのかさっぱりなんですけど。

所長　え～、わからないの？

相続税、法人税、所得税、贈与税にまで話が広がったじゃないの。税金幅広く勉強できて、楽しいったらないでしょ。

●土地を同族会社に遺贈すると

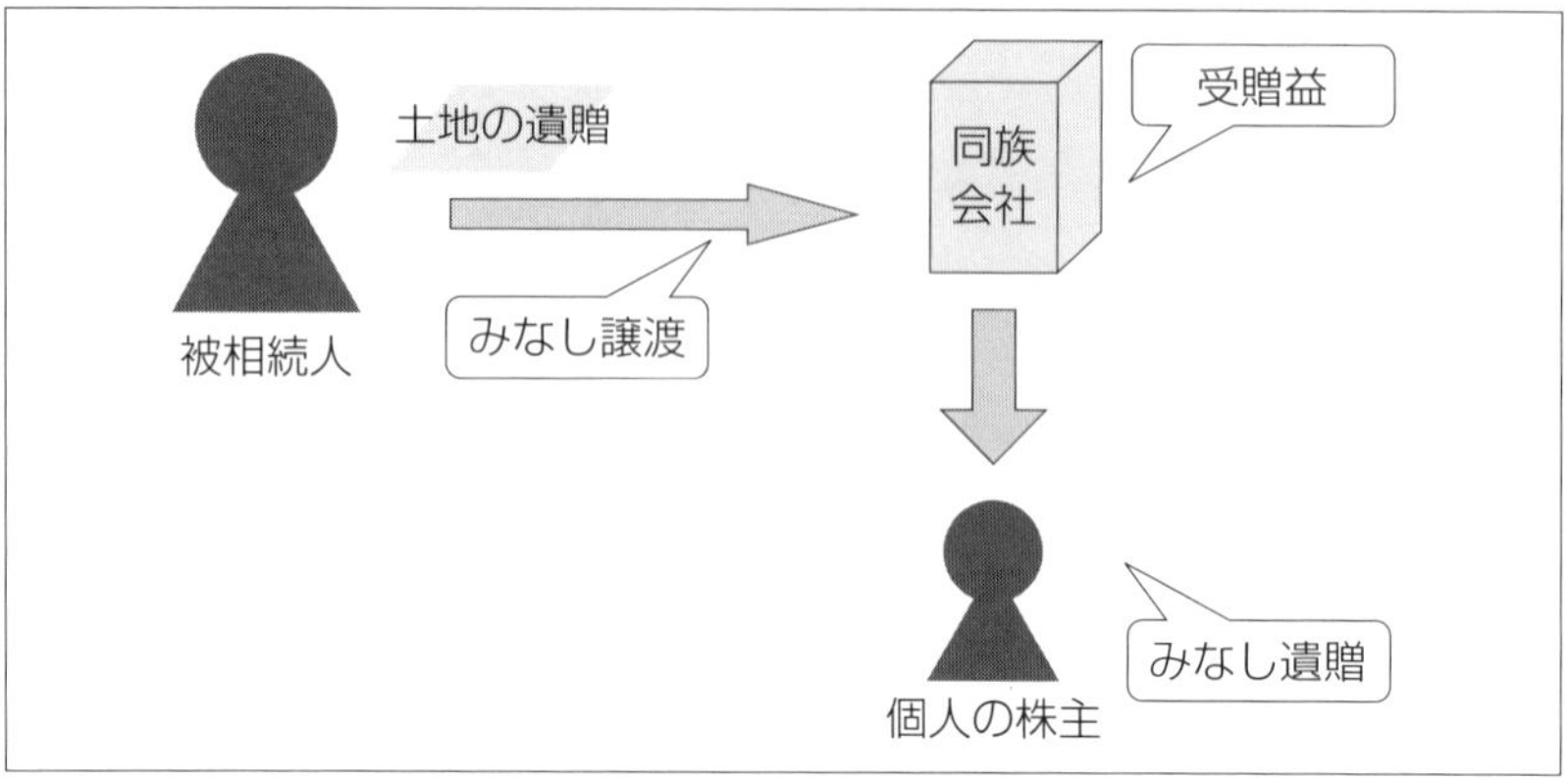

翼君　あっはい、ちょうどそう思っていたとこなんですよ。税金て、幅広くて、まるで所長みたいって♪♪♪あ！　見た目のことじゃないですよ、絶対に違いますから～。

と、ところで、最後に話していた、みなし贈与ってどういうことか、もうちょっとわかりやすく教えてください。

所長　贈与とみなされて贈与税がかかるってことよ。贈与の基本はなんだった？

翼君　あげるよ、もらうよ、という意思の合致が第一でした。そうか、この場合、社長としては、他の株主に利益を与えてあげようなんてこと考えてるわけじゃないし、他の株主だって、別に株価の価値あげてほしいって思ってるわけでもないってことか。

所長　そう、だけど実際に価値が上がったから、その価値上昇分について、贈与とみなされる可能性があるってこと。遺言で、同族会社に何か財産を渡す（遺贈）

場合の課税関係などがよくある例なんだけど、落とし穴が満載よ。
右ページの図のように、土地を同族会社に遺贈すると、亡くなった人は、土地を同族会社に譲渡したとみなされるの。この場合、亡くなっているから、実際には準確定申告で相続人が申告するけど。もちろん、準確定申告の所得税は相続税の債務控除の対象だけどね。
一方同族会社は、もらった土地の価値に対する評価について受贈益が立つでしょ。法人に（繰越）欠損があればそれと通算もできるけど。
そして、被相続人以外の個人の株主には受贈益で増加した株価相当部分を被相続人から遺贈で受けたとみなされ、相続税も発生するわけ。トリプルパンチね。

翼君　怖すぎでしょ。

所長　貸付金を消すという点で、債権放棄以外に、会社に貸付金を現物出資する、という手もあるわ。

翼君　それって課税はどうなるんですか？

所長　法人が債務超過で破産寸前みたいな状態で、貸付金の実質価値が額面（簿価）を下回っているような場合に、貸付金を額面で資本金として現物出資すれば、債務を消滅させた利益が生じると考えられるから、法人に課税されてもおかしくないわ。

翼君　ということは、そんな危ない状態じゃなければ、課税されることはなさそうってことですね。租税回避なんて言われたりしませんよね？

所長　そもそも会社の資本を充実させることに意味があるかどうかでしょうね。会社を続けていくつもりなら、増資の意味はあるから、租税回避とまでは言えないんじゃないかしら。

翼君　皆さま、申告は自己責任でお願いします。

所長　そこは、相談受け付けます、って言うところでしょうが。

【参考】財産評価基本通達

（貸付金債権等の元本価額の範囲）

205　前項の定めにより貸付金債権等の評価を行う場合において、その債権金額の全部又は一部が、課税時期において次に掲げる金額に該当するときその他その回収が不可能又は著しく困難であると見込まれるときにおいては、それらの金額は元本の価額に算入しない。

(1)　債務者について次に掲げる事実が発生している場合におけるその債務者に対して有する貸付金債権等の金額（その金額のうち、質権及び抵当権によって担保されている部分の金額を除く。）

イ　手形交換所（これに準ずる機関を含む。）において取引停止処分を受けたとき

ロ　会社更生法の規定による更生手続開始の決定があったとき

ハ　民事再生法の規定による再生手続開始の決定があったとき

ニ　会社法の規定による特別清算開始の命令があったとき

ホ　破産法の規定による破産手続開始の決定があったとき

ヘ　業況不振のため又はその営む事業について重大な損失を受けたため、その事業を廃止し又は6か月以上休業しているとき

(2)　更生計画認可の決定、再生計画認可の決定、特別清算に係る協定の認可の決定又は法律の定める整理手続によらないいわゆる債権者集会の協議により、債権の切捨て、棚上げ、年賦償還等の決定があった場合において、これらの決定のあった日現在におけるその債務者に対して有する債権のうち、その決定により切り捨てられる部分の債権の金額及び次に掲げる金額

イ　弁済までの据置期間が決定後5年を超える場合におけるその債権の金額

ロ　年賦償還等の決定により割賦弁済されることとなった債権の金額のうち、課税時期後5年を経過した日後に弁済されることとなる部分の金額

(3)　当事者間の契約により債権の切捨て、棚上げ、年賦償還等が行われた場合において、それが金融機関のあっせんに基づくものであるなど真正に成立したものと認めるものであるときにおけるその債権の金額のうち(2)に掲げる金額に準ずる金額

相続に関する訴訟の実態

遺産相続で親族間に争いが生じ、家庭裁判所に持ち込まれる件数はどれくらいあるのでしょうか。最高裁判所が発行する司法統計年報によると、平成26年度に家庭裁判所で取り扱った事件の総数は15，261件で、事件数は年々増加しています。

争いとなった遺産価額は、1千万円超5千万円以下が最も多く43・0%、次いで1千万円以下の31・9%、5千万円超1億円以下の12・6%と続き、5千万円以下が4分の3を占めています。

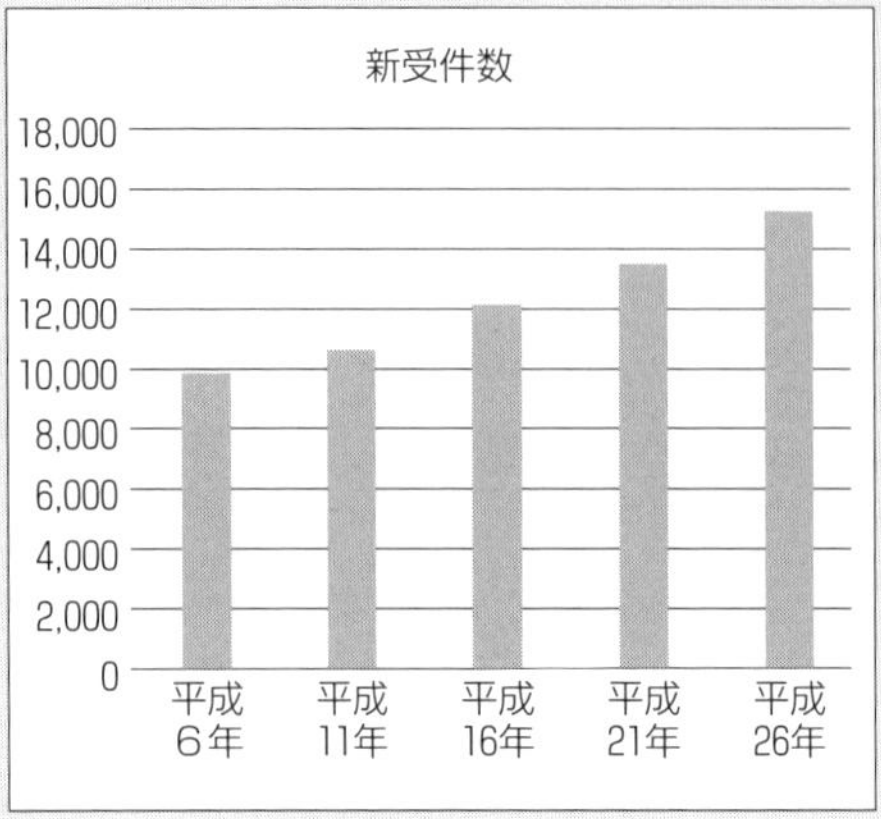

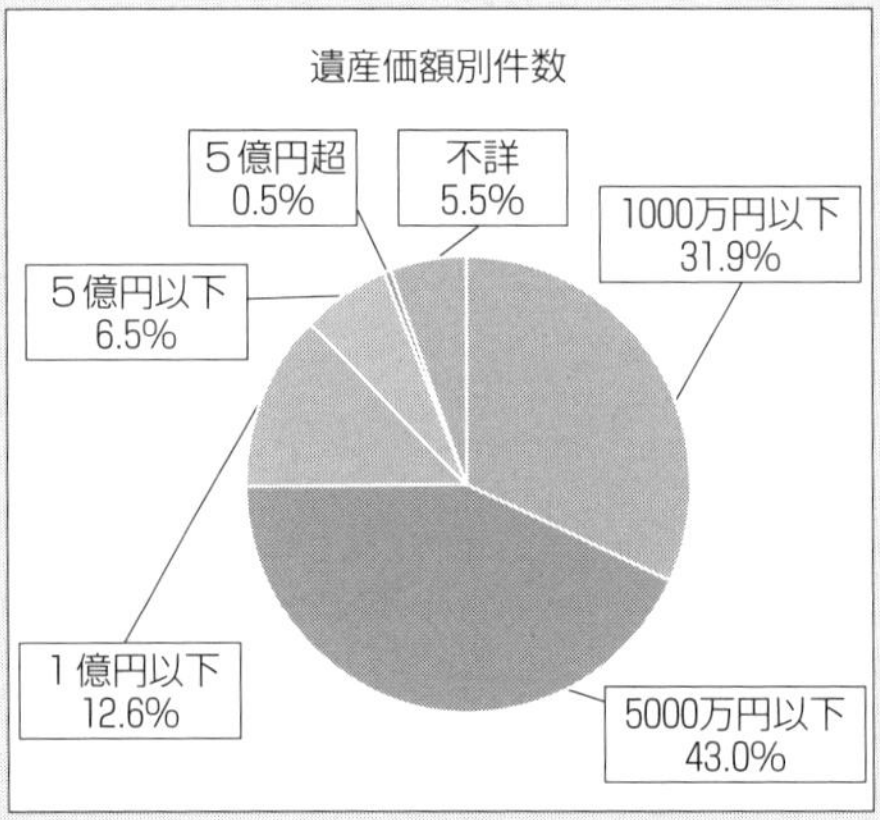

争った相続人の数で2人が22・2%、3人が27・5%、4人が19・1%となっています。

では、家庭裁判所に持ち込まれてから結論が出るまで、どれくらいの期間がかかっているのでしょうか。6か月超1年以内が32・4%で一番多く、次いで3か月超6か月以内が23・4%、1年超2年以内が21・5%と続きます。

約7割が1年以内に審理を終了しています。相続税の申告期限は「相続開始を知った日の翌日から10か月以内」となっていますので、それを意識して審理が進められていることが分かりますが、一方で、2年を超えて争っているケースも1割弱あります。

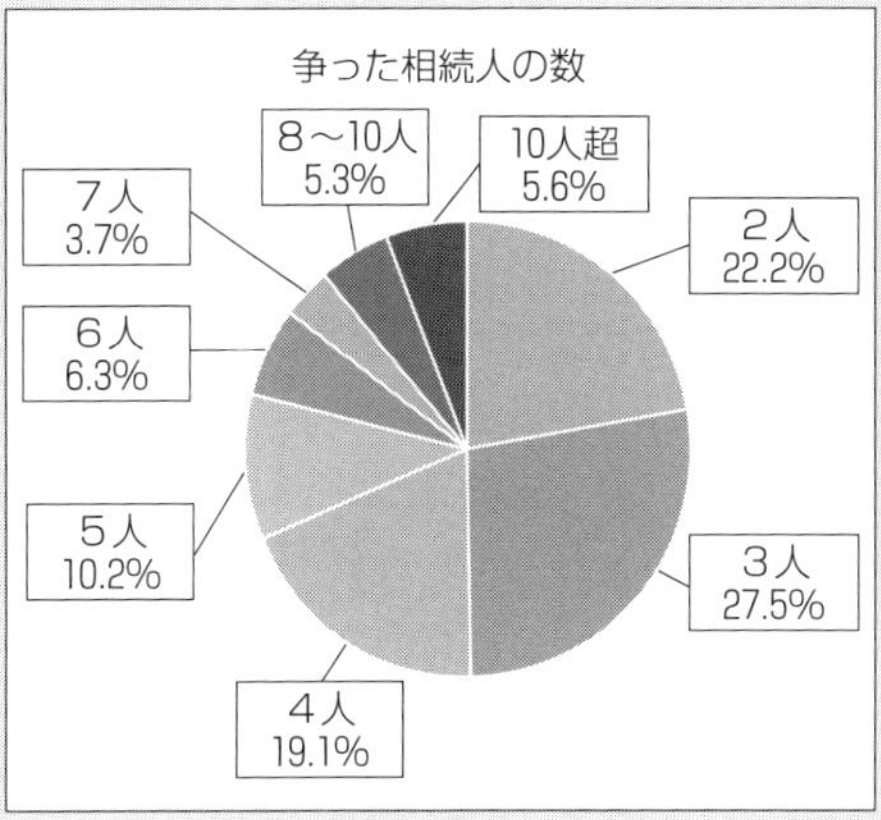

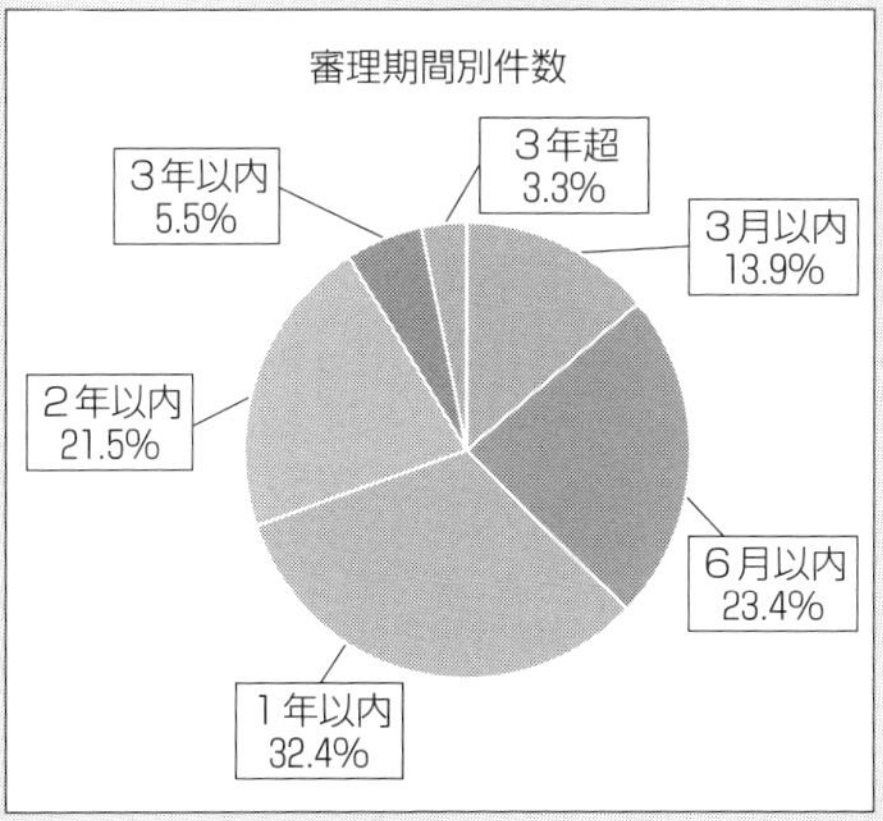

審理回数で見ると、約半数が４回以内の審理で終わっていますが、10回を超えるケースも15％程度あります。

審理の結果、どのように決着しているのかを見てみましょう。

調停成立が59・８％、取下げが22・２％、認容（申立内容が正しいと裁判所が認めること）が９・５％、調停に代わる審判（裁判所が独自に結論を出すこと）が６・７％となっています。

このように、時間と労力を費やす争いを避けるためには、被相続人が法的に正しく、多少不満があってもすべての相続人が最終的には納得できるような遺言書を残すことが必要ですね。

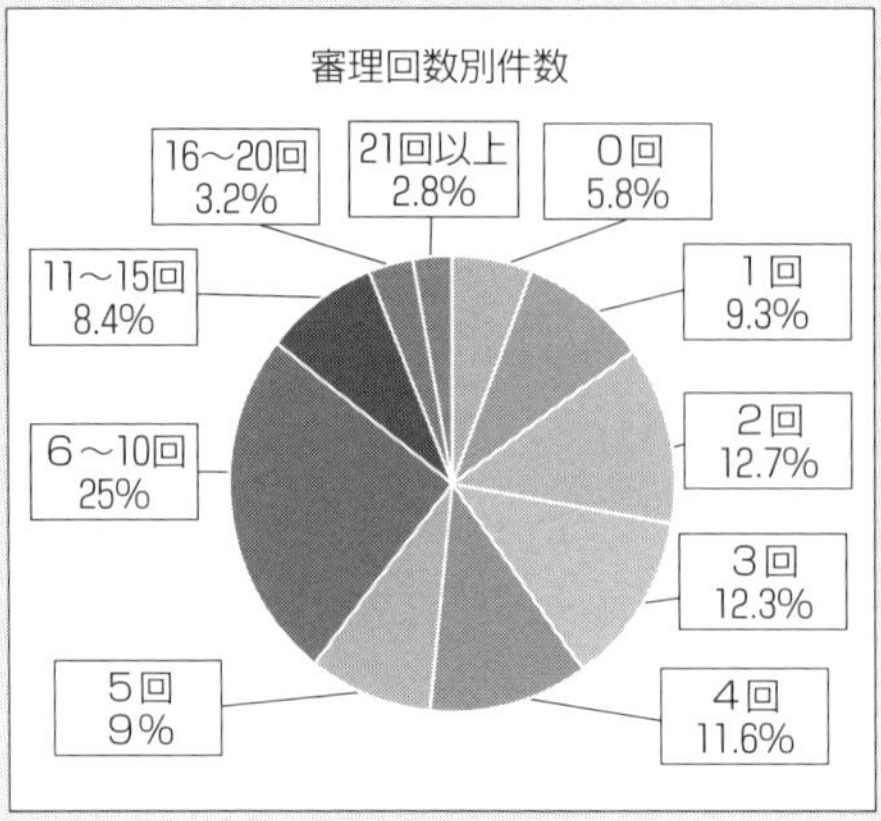

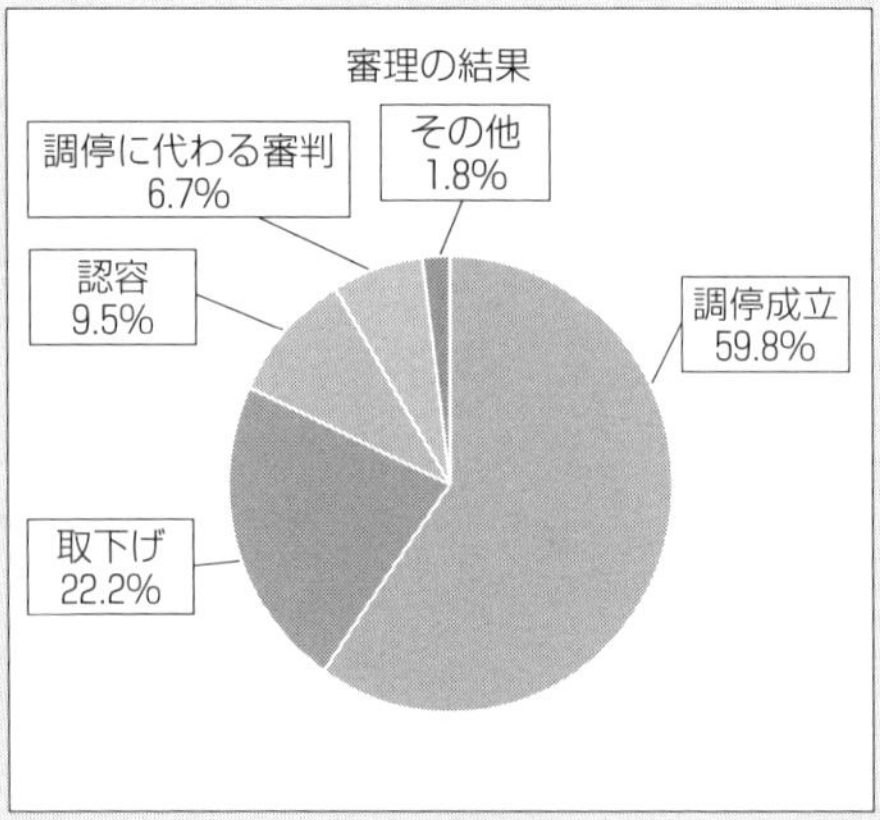

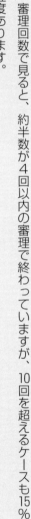

第8話　教育資金の一括贈与　その都度贈与から一括贈与へ

翼君　生前贈与が相続税対策に有効ですってよく聞きますけど、そんな有効なんですかね？　だって贈与税のほうが明らかに税率高いでしょう？　基礎控除だって、1年にたったの110万円だし。

所長　確かにそうだけど、方法によっては、すごく効果があるのよ。それに今、非課税贈与の制度もいろいろあるし。

翼君　知ってますよ。相続時精算課税制度でしょう？　それに住宅取得資金の贈与に、贈与税の配偶者控除……あと何だっけかな。

所長　教育資金贈与や結婚・子育て資金贈与も創設されたわよね。

翼君　給与が低くてデートもできない僕の婚活費用、誰か贈与してくれないかなぁ。

所長の基礎講座

今日の相談は教育資金の一括贈与ですが、結婚・子育て資金贈与も押えておきましょう。

結婚・子育て資金の一括贈与非課税制度は、直系尊属（親・祖父母・曾祖父母）が、子や孫、曾孫名義の金融機関の口座等に、結婚・妊娠・出産・育児に必要な資金を贈与により拠出した場合に、1，000万円（結婚関係は300万円まで）を非課税とする制度です。

　この制度を扱っている信託銀行等に口座を作ることが必要で、受贈者の年齢は20歳以上50歳未満であることが要件です。

　対象となる結婚・子育て資金とは、
(1)　結婚に際して支払う次のような金銭（300万円限度）
　①　挙式費用、衣装代等の婚礼費用
　②　家賃や敷金などの新居費用、転居費用
(2)　妊娠・出産及び育児費用
　①　妊婦検診費用、不妊治療（処方箋に基づき薬局で処方される医薬品代含む）
　②　出産費用、産後ケアに要する費用（産前産後の母親の医療費及び処方箋に基づき薬局で処方される医薬品代、母子産後検診費用含む）
　③　子の医療費、幼稚園、保育所等の保育料（ベビーシッター代等を含む）
ちなみに、誰かが言っていた婚活費用は含みませんので、悪しからずご了承くださいませ。

高橋さん　孫は可愛いっていうけど、ほんとですよ。もうすぐ1歳になるんですが、ニコっとされると、天にも昇る気分でね。
　孫は可愛いけど、娘は厳しいもんでね、お父さん、本当に天に昇る前に、贈与してくれないかしら、なんて。ひどいでしょ。でもまあ、可愛い孫にならば贈与してやってもいいかとも思いましてね。
ただ、贈与税も高そうだから、贈与税がかからない毎年110万円超えないところで地道に贈与するのがやっぱりいいって思ったんですけど、娘が、そんなこと言ってないでど～んと頂戴、なんて言いまして。本当にどこで育て方を間違えたか、教えてもらいたいですわ。

所長　そうですね、どこででしょうかね。
　う～ん、う～ん、幼稚園頃ですかね？　それとも高校生あたりの反抗期ごろでしょうか……。

高橋さん　いや、別に本気で教えてもらうつもりはないんですけどね。
　今日伺ったのは、ど～んと贈与をする制度があるっていうんでそれを教えてもらおうかと。

所長　それならそうと早く言ってくださいよ。お孫さんへのど～んと贈与でおすすめなのが2つありますよ。一つは教育資金の贈与、そして結婚・子育て資金の贈与です。

高橋さん　税金て難しい用語が多いと思ってましたけど、この2つはわかりやすいネーミングですねえ。教育資金の贈与かあ。それ良さそうだな。孫は私に似て頭が良さそうだから教育ばっちり受けさせてやりたいし。

所長　でしたら、教育資金の一括贈与のご説明をしましょう。
　これは直系尊属、つまり親や祖父母（や曾祖父母）から教育資金の贈与を受けて、受贈者（もらった子や孫）が30歳に達するまでに教育資金として支出した金額について1、500万円

（学校等以外で使う教育費は500万円）まで非課税にする制度です。一応期間限定ですが、しばらく続くんじゃないですかね、とっても人気なんで。

高橋さん　1,500万円⁉　それは太っ腹。それならすぐに振り込んでやろう。

所長　ちょっと待った！　個人間で贈与しても非課税にならないんです。これはこの制度を扱っている金融機関に行って口座を作って預け入れる必要があるんです。贈与の申告も金融機関を通じて教育資金非課税申告書を税務署に提出することになっていて、税理士である私の仕事にはならない制度なんですよ。困ったもんですね。

高橋さん　そう言わずに、もう少し詳しく教えてくださいよ。

所長　受贈者は生まれたばかりの赤ん坊から大丈夫です。

ただ教育資金ですので、30歳になったときに、贈与された金額が教育資金に使われないで残っている場合には、その金額について、贈与税が課せられます。そのときの贈与税がどうなっているかわかりませんが、お孫さんがそろそろ就職だっていう年齢の方だとこの制度を利用しても使い残しが生じる可能性大ですよね。

高橋さん　確かに。どれだけあげるか、もらう側の都合もあるわけだ。

所長　この制度の利点といっていいのは、3年以内加算の適用がないことなんです。

高橋さん　3年以内加算？　それなんですか？

所長　相続等で財産を取得した者が被相続人から相続開始前3年以内に贈与された財産は相続財

産に加算する、という制度で、簡単にいうと、亡くなる前3年以内に贈与した財産は、相続財産として持ち戻すってことです。贈与時に支払った贈与税は相続税と精算（贈与税額控除）されますけどね。

そのような加算は、この教育資金贈与にはないってことですので、安心して……ってこともあってか、相続税対策としても大注目なんですよ。

ちなみに、もうひとつの「ど〜んと贈与」の結婚・子育て資金の贈与制度では、3年以内加算の適用がありなんです。

高橋さん　なるほど、で、教育資金というと学校の費用かな。

所長　まず保育園や学校に入るための検定料などから始まって、保育園等の入園料や保育料、施設備費、学校の入学金や授業料、学用品、給食費、修学旅行などのうち学校側に直接支払う費用が該当します。

この制度は学校以外の習い事にも使えますよ。ピアノとか水泳教室とか、まあ今は習い事も勉強っていうことが多いみたいだけど、そんな場合の学習塾にも使えます。

たとえば、教育のために支払われるものとして社会通念上相当と認められる次のものです。

① 学習（学習塾・家庭教師、そろばん、キャンプなどの体験活動等）
② スポーツ（スイミングスクール、野球チームでの指導など）
③ 文化芸術活動（ピアノの個人指導、絵画教室、バレエ教室など）

④　教養の向上のための活動（習字、茶道など）

高橋さん　それは助かるじゃろうな。婿さんの両親にも声をかけて一緒にできるかな。

所長　1，500万円の限度額はもらった人ごとなので。両方から3，000万円を非課税にって訳にはいかないんですよ。この間なんて、それで両家が喧嘩したなんていう話があって。「こっちで贈与しようと思ってたのに、向こうが勝手に黙って贈与しちゃって」って。何がもめる種になるかホントにわかんないものですよ。

もしお孫さんが複数いらっしゃる場合なら、あげる方の金額の制限は設けられていないので、全員に贈与することもできますよ。その場合でも30歳になる前までに教育資金として使い切る目処のところでね。

反省会

翼君　教育資金贈与ってすごいなあと思いましたけどね、ふと思ったんですが、僕の学校費用、僕が払ったわけじゃないっすよ。

所長　おっ、いいとこに気がついたじゃない。

翼君　僕、ひょっとして贈与税脱税したんかな。

所長　ガクッ……、そっちいく？

あのね、扶養義務者間の生活費または教育費の贈与は非課税って聞いたことない？

翼君　あったような気がしてきました。
所長　扶養義務者って誰のこと？
翼君　そりゃ親でしょ。
所長　配偶者、直系血族、兄弟姉妹もそうよ。それから三親等内の親族で生計を一にする者も該当するわ。家庭裁判所の審判を受けて扶養義務者となった三親等内の親族も扶養義務者ね。
翼君　へぇー、広いんですね。
　でも、ヘンじゃないですか？　扶養義務者が行った教育費が非課税？　もともと非課税？　だったら、この制度なんでできたの？
所長　そう、もともと非課税なの。ただし、「通常必要と認められる金額を必要な都度贈与した場合」が非課税っていうことだから、ここで言う非課税になる教育費っていうのは、必要な都度払わなければならないのよ。
　国税庁のホームページに載っているQ&Aを【参考】に掲載するから見ておいて。
　教育費の一括贈与は、必要な都度贈与するんじゃなくて、ど～んと贈与できるでしょ。そもそもの制度は、ど～んと贈与しちゃダメなのね。
　で、つまり、教育費に充てるなら、いっぺんにど～んと贈与しても非課税にしましょうっていうところが新しいわけ。その上相続での持戻しがないでしょ。それで相続対策と可愛い孫のために残してあげたいって思う人たちに人気なの。

【参考】「扶養義務者（父母や祖父母）から「生活費」又は「教育費」の贈与を受けた場合の贈与税に関するＱ＆Ａ」について（情報）

１　生活費又は教育費の全般に関するＱ＆Ａ

［Ｑ１－１］　扶養義務者（父母や祖父母）から生活費又は教育費の贈与を受けましたが、贈与税の課税対象となりますか。

［Ａ］　扶養義務者相互間において生活費又は教育費に充てるために贈与を受けた財産のうち「通常必要と認められるもの」については、贈与税の課税対象となりません。

（注）１　「扶養義務者」とは、次の者をいいます。

①　配偶者

②　直系血族及び兄弟姉妹

③　家庭裁判所の審判を受けて扶養義務者となった三親等内の親族

④　三親等内の親族で生計を一にする者

なお、扶養義務者に該当するかどうかは、贈与の時の状況により判断します。

２　「生活費」とは、その者の通常の日常生活を営むのに必要な費用（教育費を除きます。）をいいます。また、治療費や養育費その他これらに準ずるもの（保険金又は損害賠償金により補てんされる部分の金額を除きます。）を含みます。

３　「教育費」とは、被扶養者（子や孫）の教育上通常必要と認められる学資、教材費、文具費等をいい、義務教育費に限られません。

〔Q1-2〕　贈与税の課税対象とならない生活費又は教育費に充てるために贈与を受けた財産のうち「通常必要と認められるもの」とは、どのような財産をいいますか。

〔A〕　贈与税の課税対象とならない生活費又は教育費に充てるために贈与を受けた財産のうち「通常必要と認められるもの」とは、贈与を受けた者（被扶養者）の需要と贈与をした者（扶養者）の資力その他一切の事情を勘案して社会通念上適当と認められる範囲の財産をいいます。

〔Q1-3〕　数年間分の「生活費」又は「教育費」を一括して贈与を受けた場合、贈与税の課税対象となりますか。

〔A〕　贈与税の課税対象とならない生活費又は教育費は、生活費又は教育費として必要な都度直接これらの用に充てるために贈与を受けた財産であり、したがって、数年間分の生活費又は教育費を一括して贈与を受けた場合において、その財産が生活費又は教育費に充てられずに預貯金となっている場合、株式や家屋の購入費用に充てられた場合等のように、その生活費又は教育費に充てられなかった部分については、贈与税の課税対象となります。

（注）「教育費」については、別途、「直系尊属から教育資金の一括贈与を受けた場合の贈与税の非課税（措法第70条の2の2）」が設けられています。　（以下略）

5　相次相続控除額

$$A \times \frac{C}{B-A}\left(\frac{100}{100}\text{を超えるときは}\frac{100}{100}\text{とする}\right)\times\frac{D}{C}\times\frac{10-E}{10}$$

A：今回の被相続人が前回の相続で取得した財産に課税された相続税額

B：今回の被相続人が前回の相続で取得した財産の価額（債務控除後）

C：今回の相続ですべての人が取得した財産の価額（債務控除後）

D：相次相続控除を受ける相続人が今回の相続で取得した財産の価額（債務控除後）

E：前回の相続から今回の相続までの経過年数（１年未満の端数切り捨て）

6　外国税額控除

外国にある財産を相続・遺贈によって取得した場合に、外国において課された相続税に相当する税金（一定の制限あり）

7　相続時精算課税分の贈与税額控除額

相続時精算課税適用財産に課せられた贈与税

相続税の税額控除のいろいろ

1　暦年課税分の贈与税額控除額

贈与を受けた年分の贈与税額×$\dfrac{\text{相続税の課税価格に加算した贈与財産の価額}}{\text{その年分の贈与税の課税価格に算入された財産の価額の合計額}}$

2　配偶者の税額軽減額

相続税の総額×$\dfrac{\text{下記a、bのいずれか少ないほうの金額}}{\text{課税価格の合計額}}$

a　課税価格の合計額×（配偶者の法定相続分または１億6,000万円のいずれか多い方）

b　配偶者の課税価格（相続税の申告期限までに未分割の財産は除く）

3　未成年者控除額

10万円×満20歳になるまでの年数（１歳未満の端数は切り上げ）

※未成年者の相続税から控除しきれない場合は、扶養義務者の相続税額から控除することができる。

4　障害者控除額

一般障害者　10万円×満85歳までの年数（１年未満の端数は切り上げ）

特別障害者　20万円×満85歳になるまでの年数（１年未満の端数は切り上げ）

※障害者の相続税から控除しきれない場合は、扶養義務者の相続税額から控除することができる。

第9話　相続時精算課税制度「贈与税がかからない」が落とし穴

所長　今日は久しぶりに相続時精算課税制度と暦年贈与の違いをじっくりと説明するわ。
翼君　久しぶりなんですか？
所長　そうよ、相続時精算課税制度が創設されたのって平成15年よ。当時はこの話で持ち切り。セミナーとか本とか山のようにあったわねえ。だからもう全国民に知れ渡っていると思っていたのよ、ところがそうでもないみたいなの。
翼君　全国民なんて大袈裟！　だいたい、贈与とか相続とかに関心がいく年代ならともかく、17歳とかの青春まっただ中の若者に相続時精算課税制度なんて興味ないでしょう。
所長　青春なんて久しぶり！　♪君は、何を今、見つ～めているの♪
翼君　歳ばれますけど……。

所長の基礎講座

相続時精算課税制度とは、原則として60歳以上の贈与者から20歳以上の子や孫に対して行う贈与について、累計2，500万円まで控除をする（超えた部分は一律20％課税）特例で、贈与された財産を相続税の課税価格に持ち戻すことにより、税金を精算（贈与税額控除）するというも

区分	暦年課税制度	相続時精算課税制度
贈与者・受贈者	制限なし ※税率区分は特例贈与と一般贈与に区分される	60歳以上の親・祖父母から20歳以上の子・孫 ※住宅取得等資金の特例は贈与者の年齢制限なし
控除額	110万円（毎年）	2,500万円（累計）
税率	10%～55%の超過累進税率	一律20%
相続時	相続・遺贈により財産を取得した者については、相続開始前３年以内の贈与財産は贈与時の相続税評価額で加算	贈与財産を贈与時の相続税評価で加算
移行	相続時精算課税制度への移行可	暦年課税制度への移行不可

のです。その名のとおり、「相続時」に「精算」する「課税制度」です。

相続時精算課税制度には、さらに住宅取得等資金として利用するための特例も設けられています。

年間１１０万円の暦年課税制度と比較すると上表のとおりです。

佐藤さん　相続時精算課税制度というのは、使ったほうが良いですよ、という人と使ったらダメだという人と両方いて、どっちが正しいのかわからなくて。

所長　それは相続時精算課税制度にメリットとデメリットがあるからです。

まず、メリットですが、通常の暦年贈与ですと、控除額が110万円ですし、税率も高いですから、2,500万円までの贈与で贈与税がかからないというのは助かりますよね。もし一度に2,500万円を暦年贈与で行ったとしたら、贈与税が約1,000万円もかかってしまいます。そんなに税金払ってまで贈与しようとはなかなか思わないですよね。

このように大型贈与が無税で可能だという点が第一のメリットです。お金が必要な若い世代に感謝されること間違いなしです。特に、相続税がかからないという方にはおすすめですよ。

次にデメリットですが、相続時に持ち戻しされるということが挙げられますね。これも課税時期の繰り延べと考えればデメリットと決めつけるのはどうかと思いますが、相続税対策で行っても、贈与後に値上がりすることが確実な財産を贈与するのでもない限り、相続税を減額できる要素がないということです。また、一度使うと暦年課税には戻れないこともご存知ですよね。たとえ、110万円以下の贈与であっても、相続時精算課税適用者の場合は、累計2,500万円を超えてからは、20%の税率で贈与税がかかるというわけです。

これらのデメリットは、結構よく知られているんです、目新しさもないと思うんですが……実は、もっと怖いことが、むにゃむにゃ……。

佐藤さん　なんですか、むにゃむにゃ言ってないではっきり言ってくださいよ。

所長　相続時精算課税制度は、贈与者の相続の際に贈与財産を持ち戻しするって言いましたよね。その原則は、万が一、受贈者（子や孫）が贈与者（親・祖父母）より先に亡くなっていた場合でも変わらないのです。

何を言っているかというと、贈与者が亡くなったときに、相続財産に加算された贈与財産に対応する相続税は、既に受贈者が亡くなっているわけですから、誰が払うかというと、受贈者の相続人になるんです。

佐藤さん　意味がわからん。もらっているから精算するならともかく、直接何ももらっていない受贈者の相続人がなんで払わないといけないんじゃ。

所長　しかももらった財産はすでに費消してたとしても、あるものとして持ち戻すわけです。

佐藤さん　理不尽な！

所長　まあ、めったにあることではないですし、それを心配してもどうしようもないことなんですけどね、一応リスクとして申し上げた次第で。

佐藤さん　うむ……あまり好かんな。

所長　ですよね。少なくても相続税がかかりそうな人には、特におすすめはしてませんけど、税金のことはあまり考えなくてもいい。それより早く財産を贈与してあげたい、またはもらいたい、という人には、意味があるのでしょうね。

反省会

翼君　相続時精算課税って相続税がかからない人には贈与非課税、相続時非課税みたいなもんだから使えますよね。

所長　そうね、そう思って今までも贈与した人も多いはず。そしたらこの大増税でしょ。相続税は関係ないと思ってたのに、かかるようになった人にとってみたら後出しジャンケンされた気分じゃないかしら。

翼君　そうかあ。贈与されたことすら、すっかりアタマから消えているかもしれないですねえ。相続税かからないから大丈夫ですよ、なんてアドバイスしてたら危ないですね。

所長　相続税の改正がこの先は起きないという保証はどこにもないしね。

相続時精算課税制度で贈与された場合の贈与税の申告書の書き方と、一般に贈与された場合の贈与税の申告書の書き方を勉強しておきましょうか。

【参考】

贈与税率、贈与税申告書、精算課税の申告書と一般贈与を次頁以降に表示します。

●贈与税の速算表（平成27年１月１日以後の贈与）

①一般贈与（②以外）

基礎控除後の金額		税率	控除額
0円超	200万円以下	10%	0円
200万円超	300万円以下	15%	10万円
300万円超	400万円以下	20%	25万円
400万円超	600万円以下	30%	65万円
600万円超	1,000万円以下	40%	125万円
1,000万円超	1,500万円以下	45%	175万円
1,500万円超	3,000万円以下	50%	250万円
3,000万円超		55%	400万円

②特例贈与（20歳以上の者が直系尊属より受ける贈与）

基礎控除後の金額		税率	控除額
0円超	200万円以下	10%	0円
200万円超	400万円以下	15%	10万円
400万円超	600万円以下	20%	30万円
600万円超	1,000万円以下	30%	90万円
1,000万円超	1,500万円以下	40%	190万円
1,500万円超	3,000万円以下	45%	265万円
3,000万円超	4,500万円以下	50%	415万円
4,500万円超		55%	640万円

相続時精算課税制度を選択する最初の年に税務署に提出する届出書です。

贈与を受ける人の住所、氏名、生年月日、続柄を記入します。

贈与を受ける人の所轄税務署を記入します。

贈与をする人の住所、氏名、生年月日を記入します。

添付資料を揃えてチェックを入れます。

相続時精算課税選択届出書（様式）

税務署受付印

相続時精算課税選択届出書

（平成28年分以降用）

平成＿年＿月＿日 ＿＿＿＿税務署長	受贈者	住所又は居所	〒　電話（　－　－　） 東京都千代田区 ×××
		フリガナ	サトウ ××
		氏名（生年月日）	佐藤 ××　印 （大・㊗・平　40 年 × 月 × 日）
		特定贈与者との続柄	子

私は、下記の特定贈与者から平成＿＿年中に贈与を受けた財産については、相続税法第21条の9第1項の規定の適用を受けることとしましたので、下記の書類を添えて届け出ます。

記

1　特定贈与者に関する事項

住所又は居所	長野県○○市 ××
フリガナ	サトウ △△
氏名	佐藤 △△
生年月日	明・大・㊗・平　10 年 10 月 1 日

2　年の途中で特定贈与者の推定相続人又は孫となった場合

推定相続人又は孫となった理由	
推定相続人又は孫となった年月日	平成　年　月　日

（注）孫が年の途中で特定贈与者の推定相続人となった場合で、推定相続人となった時前の特定贈与者からの贈与について相続時精算課税の適用を受けるときには、記入は要しません。

3　添付書類

次の（1）～（4）の全ての書類が必要となります。

なお、いずれの添付書類も、贈与を受けた日以後に作成されたものを提出してください。

（書類の添付がなされているか確認の上、□に✓印を記入してください。）

（1）□　**受贈者や特定贈与者の戸籍の謄本又は抄本**その他の書類で、次の内容を証する書類
　①　受贈者の氏名、生年月日
　②　受贈者が特定贈与者の推定相続人又は孫であること

（2）□　**受贈者の戸籍の附票の写し**その他の書類で、受贈者が20歳に達した時以後の住所又は居所を証する書類（受贈者の平成15年1月1日以後の住所又は居所を証する書類でも差し支えありません。）
　（注）受贈者が平成7年1月3日以後に生まれた人である場合には、（2）の書類の添付を要しません。

（3）□　**特定贈与者の住民票の写し**その他の書類で、特定贈与者の氏名、生年月日を証する書類
　（注）1　添付書類として特定贈与者の住民票の写しを添付する場合には、マイナンバー（個人番号）が記載されていないものを添付してください。
　　2　（1）の書類として特定贈与者の戸籍の謄本又は抄本を添付するときは、（3）の書類の添付を要しません。

（4）□　**特定贈与者の戸籍の附票の写し**その他の書類で、特定贈与者が60歳に達した時以後の住所又は居所を証する書類（特定贈与者の平成15年1月1日以後の住所又は居所を証する書類でも差し支えありません。）
　（注）1　租税特別措置法第70条の3（（特定の贈与者から住宅取得等資金の贈与を受けた場合の相続時精算課税の特例））の適用を受ける場合には、「平成15年1月1日以後の住所又は居所を証する書類」となります。
　　2　（3）の書類として特定贈与者の住民票の写しを添付する場合で、特定贈与者が60歳に達した時以後（租税特別措置法第70条の3の適用を受ける場合を除きます。）又は平成15年1月1日以後、特定贈与者の住所に変更がないときは、（4）の書類の添付を要しません。

（注）この届出書の提出により、特定贈与者からの贈与については、特定贈与者に相続が開始するまで相続時精算課税の適用が継続されるとともに、その贈与を受ける財産の価額は、相続税の課税価格に加算されます（**この届出書による相続時精算課税の選択は撤回することができません。**）。

作成税理士	印	電話番号	

※	税務署整理欄	届出番号	－	名簿		確認	

※欄には記入しないでください。

（資5－42－A4統一）

○「相続時精算課税選択届出書」は、必要な添付書類とともに**申告書第一表及び第二表**と一緒に提出してください。

財産の明細を記入します。
贈与を受けた日、財産の評価額を記入します。

贈与をした人の住所、氏名、生年月日、続柄を記入します。

特別控除額2,500万円（過去にこの制度で控除した額を除く）

20%の税率で計算します。

FD4734

平成□□年分贈与税の申告書（相続時精算課税の計算明細書）

提出用

税務署受付印

受贈者の氏名　佐藤XX

第二表（平成27年分以降用）

（第二表は、必要な添付書類とともに申告書第一表と一緒に提出してください。）

相続時精算課税分

次の特例の適用を受ける場合には、□の中にレ印を記入してください。

□ 私は、租税特別措置法第70条の3第1項の規定による**相続時精算課税選択の特例**の適用を受けます。

（単位：円）

特定贈与者の住所・氏名（フリガナ）申告者との続柄・生年月日	種類	細目	利用区分・銘柄等 / 所在場所等	数量 / 固定資産税評価額	単価 / 倍数	財産を取得した年月日 / 財産の価額
住所　長野県〇〇市XXX	現金 預貯金等	現金			円	平成28年04月01日
				円	倍	30000000
フリガナ					円	平成　年　月　日
氏名　佐藤△△				円	倍	
続柄　1 ←父1、母2、祖父3、祖母4、1～4以外5 ※ ※5の場合に記入します。					円	平成　年　月　日
生年月日　3 10.10.01 ←明治1、大正2、昭和3、平成4				円	倍	

財産の価額の合計額（課税価格）		㉑	30000000
特別控除額の計算	過去の年分の申告において控除した特別控除額の合計額（最高2,500万円）	㉒	
	特別控除額の残額（2,500万円－㉒）	㉓	25000000
	特別控除額（㉑の金額と㉓の金額のいずれか低い金額）	㉔	25000000
	翌年以降に繰り越される特別控除額（2,500万円－㉒－㉔）	㉕	
税額の計算	㉔の控除後の課税価格（㉑－㉔）【1,000円未満切捨て】	㉖	5000000
	㉖に対する税額（㉖×20%）	㉗	1000000
	外国税額の控除額（外国にある財産の贈与を受けた場合で、外国の贈与税を課せられたときに記入します。）	㉘	
	差引税額（㉗－㉘）	㉙	1000000

上記の特定贈与者からの贈与により取得した財産に係る過去の相続時精算課税分の贈与税の申告状況	申告した税務署名	控除を受けた年分	受贈者の住所及び氏名（「相続時精算課税選択届出書」に記載した住所・氏名と異なる場合にのみ記入します。）
	署	平成　年分	
	署	平成　年分	
	署	平成　年分	
	署	平成　年分	

（注）上記の欄に記入しきれないときは、適宜の用紙に記載し提出してください。

◎ 上記に記載された特定贈与者からの贈与について初めて相続時精算課税の適用を受ける場合には、申告書第一表及び第二表と一緒に「相続時精算課税選択届出書」を必ず提出してください。なお、同じ特定贈与者から翌年以降財産の贈与を受けた場合には、「相続時精算課税選択届出書」を改めて提出する必要はありません。

※	税務署整理欄	整理番号		名簿		届出番号	－
		財産細目コード		確認			

※印欄には記入しないでください。

(資5－10－2－1－A4統一)（平27.10）

暦年課税分と合計した金額を記入します。

暦年課税による贈与税と精算課税による贈与税の合計額を記入します。

第二表の㉑の金額を転記します。

第二表の㉙の金額を転記します。

税務署長

平成　年　月　日提出

平成□□年分贈与税の申告書（兼贈与税の額の計算明細書）

FD4726

提出用

第一表（平成28年分以降用）

住所	〒　－　（電話　－　－　） 東京都千代田区×××
フリガナ	サトウ　××
氏名	佐藤　×× 印
個人番号又は法人番号	↓個人番号の記載に当たっては、左端を空欄とし、ここから記入してください。 ××××××××××××
生年月日	明治1 大正2 昭和3 平成4 3 40.××.××
職業	会社員

税務署整理欄（記入しないでください。）

整理番号		名簿	
補完		確認	
申告書提出年月日		財産細目コード	事案
災害等延長年月日			処理 / 関与区分
出国年月日			訂正 / 修正
死亡年月日			作成区分 / 枚数

Ⅰ 暦年課税分

私は、租税特別措置法第70条の2の5第1項又は第3項の規定による直系尊属から贈与を受けた場合の贈与税の税率（特例税率）の特例の適用を受けます。

ⅰ 特例贈与財産分

贈与者の住所・氏名（フリガナ） 申告者との続柄・生年月日	取得した財産の明細 種類 / 細目 / 利用区分・銘柄等 / 数量 / 単価 / 倍数 所在場所等 / 固定資産税評価額	財産の価額	財産を取得した年月日 過去の贈与税の申告状況
住所 フリガナ 氏名 続柄（直系尊属）父1 母2 祖父3 祖母4 上記以外5 ※5の場合に記入します。 生年月日		円 / 倍	平成　年　月　日 過去に、特例税率の適用を受けるために左記の贈与者との続柄を明らかにする書類を提出している場合には、その提出した年分及び税務署名を記入します。 平成　年分　署
住所 フリガナ 氏名 続柄（直系尊属）父1 母2 祖父3 祖母4 上記以外5 ※5の場合に記入します。 生年月日		円 / 倍	平成　年　月　日 過去に、特例税率の適用を受けるために左記の贈与者との続柄を明らかにする書類を提出している場合には、その提出した年分及び税務署名を記入します。 平成　年分　署
特例贈与財産の価額の合計額（課税価格）		①	

ⅱ 一般贈与財産分

贈与者の住所・氏名（フリガナ） 申告者との続柄・生年月日	取得した財産の明細	財産の価額	財産を取得した年月日
住所 フリガナ 氏名 続柄（直系尊属）父1 母2 祖父3 祖母4 上記以外5（直系尊属以外）夫6 妻7 上記以外8 ※5又は8の場合に記入します。 生年月日		円 / 倍	平成　年　月　日
住所 フリガナ 氏名 続柄（直系尊属）父1 母2 祖父3 祖母4 上記以外5（直系尊属以外）夫6 妻7 上記以外8 ※5又は8の場合に記入します。 生年月日		円 / 倍	平成　年　月　日
一般贈与財産の価額の合計額（課税価格）		②	
配偶者控除額（右の事実に該当する場合には、「□」にレ印を記入します。…□ 私は、今回の贈与者からの贈与について、初めて贈与税の配偶者控除の適用を受けます。）（最高2,000万円） （贈与を受けた居住用不動産の価額及び贈与を受けた金銭のうち居住用不動産の取得に充てた部分の金額の合計額）＿＿円		③	

【合計欄】　暦年課税分（③の控除後の課税価格）　（単位：円）

Ⅰ	暦年課税分の課税価格の合計額（①＋（②－③））	④	
Ⅰ	基礎控除額	⑤	1100000
Ⅰ	⑤の控除後の課税価格（④－⑤）	⑥	00
Ⅰ	⑥に対する税額「贈与税の速算表」を使用して計算します。	⑦	
Ⅰ	外国税額の控除額	⑧	
Ⅰ	医療法人持分税額控除額	⑨	
Ⅰ	差引税額（⑦－⑧－⑨）	⑩	
Ⅱ 相続時精算課税分	相続時精算課税分の課税価格の合計額（特定贈与者ごとの第二表の⑥の金額の合計額）	⑪	30000000
Ⅱ 相続時精算課税分	相続時精算課税分の差引税額の合計額（特定贈与者ごとの第二表の⑬の金額の合計額）	⑫	1000000
Ⅲ 合計	課税価格の合計額（①＋②＋⑪）	⑬	30000000
Ⅲ 合計	差引税額の合計額（納付すべき税額）（⑩＋⑫）	⑭	1000000
Ⅲ 合計	農地等納税猶予税額	⑮	00
Ⅲ 合計	株式等納税猶予税額	⑯	00
Ⅲ 合計	医療法人持分納税猶予税額	⑰	00
Ⅲ 合計	申告期限までに納付すべき税額（⑭－⑮－⑯－⑰）	⑱	1000000
この申告書が修正申告書である場合	差引税額の合計額（納付すべき税額）の増加額	⑲	00
この申告書が修正申告書である場合	申告期限までに納付すべき税額の増加額	⑳	00

⑦欄の税額の計算方法等については、申告書第一表（控用）の裏面をご確認ください。

作成税理士の事務所所在地・署名押印・電話番号　印

□ 税理士法第30条の書面提出有

□ 税理士法第33条の2の書面提出有

通信日付印　・　・　確認者印

（住宅取得等資金の非課税の申告は申告書第一表の二又は第一表の三と、相続時精算課税の申告は申告書第二表と、一緒に提出してください。）

（資5－10－1－1－A4統一）

【参考】暦年課税制度の場合

贈与を受けた人の住所、氏名、電話番号、生年月日、職業を記入します。

贈与を受けた財産の種類等を記入します。

贈与を受けた年月日を記入します。

贈与を受けた財産の評価額を記入します。

贈与をした人の住所、氏名、生年月日、続柄を記入します。

i　特例贈与財産（20歳以上の人が直系尊属から贈与を受けた場合）
ii　i 以外の場合
とに区分して記入します。

基礎控除額は110万円です。

贈与税の速算表で計算した贈与税を記入します。

税務署長

平成　年　月　日提出

平成□□年分贈与税の申告書（兼贈与税の額の計算明細書）

FD4726

第一表（平成28年分以降用）

提出用

税務署受付印

住所	〒　－　（電話　－　－　）東京都千代田区×××
フリガナ	
氏名	佐藤××
個人番号又は法人番号	↓個人番号の記載に当たっては、左端を空欄とし、ここから記入してください。××××××××××××
生年月日	3 40.××.×× 職業

明治1 大正2 昭和3 平成4

税務署整理欄（記入しないでください。）

整理番号		名簿	
補完		確認	
申告書提出年月日	財産細目コード	事案	
災害等延長年月日		処理	関与分
出国年月日		訂正	修正
死亡年月日		作成区分	枚数

I 暦年課税分

私は、租税特別措置法第70条の2の5第1項又は第3項の規定による直系尊属から贈与を受けた場合の贈与税の税率（特例税率）の特例の適用を受けます。

i 特例贈与財産分

贈与者の住所・氏名（フリガナ）申告者との続柄・生年月日	取得した財産の明細 種類／細目／利用区分・銘柄等／所在場所等／数量／固定資産税評価額／単価／倍数	財産を取得した年月日／財産の価額（単位：円）／過去の贈与税の申告状況
住所 長野県○○市××× フリガナ サトウ△△ 氏名 佐藤△△ 続柄 1（直系尊属）父1 母2 祖父3 祖母4 上記以外5 ※5の場合に記入します。 生年月日 3 10.10.10	現金 預貯金等 現金	平成××年××月××日 3000000円 過去に、特例税率の適用を受けるために左記の贈与者との続柄を明らかにする書類を提出している場合には、その提出した年分及び税務署名を記入します。平成　年分　署
住所 フリガナ 氏名 続柄（直系尊属）父1 母2 祖父3 祖母4 上記以外5 ※5の場合に記入します。 生年月日		平成　年　月　日 円 過去に、特例税率の適用を受けるために左記の贈与者との続柄を明らかにする書類を提出している場合には、その提出した年分及び税務署名を記入します。平成　年分　署
特例贈与財産の価額の合計額（課税価格）	①	3000000

ii 一般贈与財産分

贈与者の住所・氏名	取得した財産の明細	財産を取得した年月日／財産の価額
住所 フリガナ 氏名 続柄（直系尊属）父1 母2 祖父3 祖母4 上記以外5（直系尊属以外）夫6 妻7 上記以外8 ※5又は8の場合に記入します。 生年月日		平成　年　月　日 円
住所 フリガナ 氏名 続柄（直系尊属）父1 母2 祖父3 祖母4 上記以外5（直系尊属以外）夫6 妻7 上記以外8 ※5又は8の場合に記入します。 生年月日		平成　年　月　日 円
一般贈与財産の価額の合計額（課税価格）	②	
配偶者控除額（右の事実に該当する場合には、「□」にレ印を記入します。…□ 私は、今回の贈与者からの贈与について、初めて贈与税の配偶者控除の適用を受けます。）（最高2,000万円）（贈与を受けた居住用不動産の価額及び贈与を受けた金銭のうち居住用不動産の取得に充てた部分の金額の合計額　円）	③	

【合計欄】　暦年課税分（③の控除後の課税価格）　（単位：円）

I	暦年課税分の課税価格の合計額（①＋（②－③））	④	3000000
I	基礎控除額	⑤	1100000
I	⑤の控除後の課税価格（④－⑤）	⑥	1900000
I	⑥に対する税額「贈与税の速算表」を使用して計算します。	⑦	190000
I	外国税額の控除額	⑧	
I	医療法人持分税額控除額	⑨	
I	差引税額（⑦－⑧－⑨）	⑩	190000
II 相続時精算課税分	相続時精算課税分の課税価格の合計額（特定贈与者ごとの第二表の⑥の金額の合計額）	⑪	
II 相続時精算課税分	相続時精算課税分の差引税額の合計額（特定贈与者ごとの第二表の⑩の金額の合計額）	⑫	

III 合計	課税価格の合計額（①＋②＋⑪）	⑬	3000000
III 合計	差引税額の合計額（納付すべき税額）（⑩＋⑫）	⑭	190000
III 合計	農地等納税猶予税額	⑮	00
III 合計	株式等納税猶予税額	⑯	00
III 合計	医療法人持分納税猶予税額	⑰	00
III 合計	申告期限までに納付すべき税額（⑭－⑮－⑯－⑰）	⑱	190000

⑦欄の税額の計算方法等については、申告書第一表（控用）の裏面をご確認ください。

この申告書が修正申告書である場合	項目	番号	金額
	差引税額の合計額（納付すべき税額）の増加額	⑲	00
	申告期限までに納付すべき税額の増加額	⑳	00

作成税理士の事務所所在地・署名押印・電話番号　㊞

□ 税理士法第30条の書面提出有
□ 税理士法第33条の2の書面提出有

通信日付印　確認者㊞

（住宅取得等資金の非課税の申告は申告書第一表の二又は第一表の三と、相続時精算課税の申告は申告書第二表と、一緒に提出してください。）

（資5－10－1－1－A4統一）

遺贈と死因贈与

遺言によって財産を分け与えることを遺贈といいます。これは人の死亡による財産の移転という意味において相続と異ならないことから、相続税の対象になります。

一方、死因贈与は、贈与契約の一つで、贈与者の死亡によって、その効力が開始するものです。遺言が遺贈者の一方的な意思の表示であるのに対し、死因贈与はあくまでも贈与であるため、贈与者と受贈者の相方の合意が前提となります。

このように両者の法的な性格は異なりますが、贈与者（遺贈者）の死亡により財産が移転する点においては同じです。そこで死因贈与も遺贈と同様に相続税の課税対象として取り扱うこととしています。ただし、不動産取得税や登録免許税において違いがあります。

遺贈は原則として不動産取得税は非課税です（相続人以外に対する特定遺贈の場合は不動産取得税が課税されます）が、死因贈与は、あくまで贈与として不動産取得税の課税対象です。登録免許税においても、法定相続人に対する遺贈は相続と同一の税率（1000分の4）ですが、死因贈与の場合は、贈与として1000分の20の税率となります。

このように、死因贈与は、相続や遺贈に比べ不動産取得税や登録免許税の税負担が増えることを考慮に入れる必要がありますが、遺言と同様な効果があり、遺言のように厳格な様式も求められていない上に、不動産の場合は、所有権移転の仮登記ができるというメリットがあります。

第10話　債務控除　末払はよくて前受はダメ？

翼君　相続税対策っていうことで、借金して貸家を建てる人もいますよね。貸家を建てれば評価が下がるってことはこの間の所長のセミナーで分かったんですけど、借金も相続人さんが引き継ぐことになるんですよね。大変だなぁ。

所長　そうよ。借金が財産より多いような場合は、限定承認だとか相続放棄っていう方法もあるけど、一定の手続きが必要ね。今回は債務控除についての相談だから、ちょうどいいわね。

所長の基礎講座

相続人（または包括受遺者）が被相続人の債務を承継負担する場合、その債務のうち、「相続開始の際、現に存在するもの（公租公課を含む）」および葬式費用については、相続税財産の価格から控除することができます。これを債務控除といいます。

（債務の範囲）

① 債務控除の対象となるものの例

- 借入金
- 未払税金（固定資産税や住民税、準確定申告所得税、消費税等）

●未払医療費
●敷金
●連帯債務（連帯債務者のうちで、債務控除を受けようとする人の負担すべき金額が明らかとなっている場合に、その負担金額が控除できる）

②　債務控除の対象にならないものの例
●墓地や祭具の購入未払金
●遺言執行費用等
●保証債務（主たる債務者が弁済不能の状態にあるため、保証債務者がその主たる債務を履行しなければならず、かつ、主たる債務者に求償しても返済される見込みがない場合に限り、主たる債務者の弁済不能の部分の金額が控除できる）

（葬式費用の範囲）

①　控除できる費用の例
●通夜、本葬費用、お布施
●葬式前後に生じた費用（飲食費等）で通常必要と認められるもの
●死体捜索・運搬費用

②　控除できない費用の例
●香典返戻費用

●墓地や祭具の購入費用
●法要費用（初七日、四十九日など）
●遺体解剖費用

武田さん　亡くなった父親がアパートを持っていたんですが、それを建てたときの借金もまだ残っていましてね。借金は相続財産から引けるんでしょ？　他に何か引けるものはないかと思って相談に来たんです。
所長　債務控除の範囲ですね。アパートに関して言えば、残っている借入金はおっしゃるとおり債務控除の対象です。残債の元本だけでなく、相続開始時点で支払うべき利息も控除できますからね、忘れないでくださいね。それから敷金ありますよね？
武田さん　あっ、ありますね。契約書に記載されていましたね。退去したときに全額返還することになっていますよ。
所長　預り金ですから、それは債務控除の対象ですよ。
武田さん　それと家賃なんですけどね、契約書では、翌月分の家賃を当月末に払ってもらうことになっているんですけど、あくまで翌月の分でしょ。借り主にとってはあくまでも翌月の家賃を前払いしていることになるでしょ？　ってことはこっちにとっても前受金みたいなもんですよね。前受金ということは会計的に言えば負債ですから債務控除できるんですよね？

所長　そう思うのも無理ないんですけど、残念ながらダメなんですよね。契約書で前払いすることになっているということですから、貸し主側が何かの理由で契約解除をするようなことでもなければ、家賃を返還する義務はないと考えられることから、ダメと。債務控除はあくまで、相続開始時点で現に存在するもの、確実なものでないと対象にならないんです。

武田さん　え〜〜、だけど実際、退室したら日割りで返しますよ、普通でしょ、それが。

所長　う〜ん、ですよねえ。ですが、前受家賃は、対応する期間について家屋を使用させる義務はあるけど、返還義務は負ってないわけで。

逆に、翌月分を当月末までに支払う契約で家賃が支払われていなければ、相続財産です。たとえば、２月末に３月分の家賃を払ってもらわないまま、３月１日に亡くなった場合には、３月分の家賃まるまるが未収家賃として相続財産になりますからね、気をつけてくださいね。

武田さん　あくまで契約どおりってわけか。他に何か引けるものはないですかね。

所長　亡くなった時点で未払になっている税金関係はどうですか？

たとえば固定資産税は、その年の１月１日現在の所有者について課税されます。固定資産税の納税通知書は、４月〜６月頃に送られてきますが、その前に死亡した場合であっても、納税義務が発生していることになるので、債務控除ができますからね。住民税も同じですよ。これ言っちゃうと混乱するかもしれませんけど、準確定申告って知ってます？

確定申告の必要があったり還付を受けようとする場合に、相続開始から4か月以内に提出する本人の所得税の確定申告のことなんですが、その準確定申告には、納税通知書が来ていない固定資産税は事業用であっても必要経費とすることが出来ないことになっているので注意してくださいねえ。

武田さん　おっ？　ということは納税通知書が来ていれば、準確定申告でも必要経費に出来るし、相続税の債務控除もできるってわけですか？　なんか二重控除になってしまってダメな気がするんですがね。

所長　それは問題ないんですよ。同じようなことが医療費でもあるんですよ。亡くなった後、相続人が支払った医療費は債務控除の対象ですが、相続人自身の所得税の確定申告でも、亡くなった人と生計を一にしていれば医療費控除の対象にできるって次第。

武田さん　ほう、医療費控除でも使えるとは知らなかった。

ところで葬式費用で注意するところってありますか？

所長　葬式費用は、通夜、本葬、お布施や葬式の一貫として使った飲食費などが控除対象です。葬式費用として控除できない費用はいろいろあります。四十九日などの法要費用、香典返戻費用も香典自体が相続税非課税になっている関係で費用は考慮しないことになっています。同じ理屈で墓地や仏壇などの購入費用も葬式費用としては控除できませんし、借入金で墓地を購入していても、その借入金は債務控除の対象にはなりません。

反省会

翼君　債務控除にもいろいろあるんですねえ。

所長　まだまだよ。今日の方は、居住者の方だから問題なかったけど、そもそも相続人が制限納税義務者だったら、債務控除の範囲も葬式費用の範囲も限定されるの。

　債務はというと、その相続人が相続（または遺贈）で取得した財産に係る公租公課などに限定。なので葬式費用は控除できないの。なぜって、制限納税義務者は国内にある財産しか相続税の課税対象にならないから。それと相続を放棄した人はどうなると思う？

翼君　相続放棄したら相続人じゃなくなるわけだから～、債務控除って相続人が原則だからダメですよね。

所長　そうなの、だけど例外として相続を放

相続人 受贈者 ／ 被相続人 贈与者	国内に住所あり		国内に住所なし		
		短期滞在の外国人（※1）	日本国籍あり		日本国籍なし
			10年以内に住所あり	10年以内に住所なし	
国内に住所あり					
短期滞在の外国人（※1）					
国内に住所なし　10年以内に住所あり					
一定の外国人（※2）					
短期滞在の外国人（※3）					
国内に住所なし　10年以内に住所なし					

（注）図中□部分は国内財産・国外財産ともに課税。□部分は国内財産にのみ課税。

※１　出入国管理及び難民認定法別表第１の在留資格の者で、過去15年以内において国内に住所を有していた期間が10年以下の者

※２　過去15年以内に10年超国内に住所があり，継続して日本国籍がない者（一定の場合を除く）

※３　日本国籍のない者で、過去15年以内において国内に住所を有していた期間が合計10年以下の者

棄した人が実際に葬式費用を負担していれば控除してもいいことになってるの。
翼君　あれあれ？　おかしくないですか？　相続放棄しているんだから相続で何ももらえないんですよね、何から控除するわけですかね？
所長　たまにはいい質問するじゃない。死亡保険金もらった場合は？
翼君　あ、そうか。死亡保険金は、みなし遺贈財産で相続税の課税対象になるので、相続を放棄してたとしても現実に負担した葬式費用は控除できるってことなんですね。

連帯債務と連帯保証

相続人が保険金を受け取って自ら住宅ローンを返済したという場合であれば、みなし相続財産である保険金の非課税額（500万円×法定相続人の数）を超える部分を相続財産に加算し、一方で亡くなった時点で残っている住宅ローンを債務控除の対象にします。

ただし、団体信用保険によって被相続人の住宅ローンの残債が支払われた場合には、直接銀行等の債権者に保険金が支払われるため、被相続人の相続財産にも債務にも関係しません。この点はよく知られていますね。難しいのが被相続人が連帯債務や連帯保証をしていたケースです。

通達では、保証債務も連帯債務も、偶発的な債務であるので、債務控除の要件にあるところの「確実な債務」とは認められないことから控除できないこととされています。

ただ、例外的に、次のような場合でのそれぞれの金額は債務控除が可能です。

1　保証債務（主たる債務者が債務を履行しない場合に、保証人として負う債務）

「保証債務の履行をしなければならない場合で、かつ、主たる債務者に求償して返還を受ける見込みがない場合に、主たる債務者が弁済不能の部分の金額」

つまり、主たる債務者が弁済できず、保証人の被相続人が弁済した場合、保証人としては主たる債務者にその金額を払ってもらう権利を得ますが、そもそも主たる債務者が弁済できないわけなので、その部分については債務控除できますよ、ということです。

2　連帯債務（それぞれの債務者が独立に全部の債務を負担する形態の債務）

①　負担すべき金額が明らかになっている場合は、その負担額

②　他の連帯債務者のうちに、弁済不能の状態にある者があり、かつ、求償して弁済を受ける見込みがなく、その弁済不能者の負担部分をも負担しなければならないと認められる場合のその負担額を加えた金額

もっとも、保証債務の主たる債務者の財政状況などは、相続人として知る由もない、というところでしょう。相続開始の時点において、主たる債務者が弁済不能であって保証債務の履行をしなければならない状態であることを知らなかったので債務控除もしなかった、という場合には、更正の請求の期限内（5年）であれば、相続税の取戻しができます。

第11話　遺　言　遺言どおりだと税金が多くかかる？

所長　今日は遺言があるケースの相談ね。最近は、遺言の必要性も認知されてきて、遺言があるケースも増えているわね。

翼君　遺言があれば、分割も問題ないし、財産評価と税金計算だけ気を付ければいいのでこちらとしても楽ですね。

所長　だといいけど。どうかしら。遺言どおりにいくか心配なのよね。ダメだと遺言がない場合より、はるかに厄介なことになるからね。

翼君　えっ？　遺言があるのに遺言どおりにいかないってどういうことですか？　あっ、わかった、形式を満たしていないってことか！

えーと、遺言っていうのは、このあたり、税理士試験だけの勉強じゃ無理で、民法も必須なんですよ。

遺言には、主に公正証書遺言、自筆証書遺言、秘密証書遺言があって、それぞれの特徴を述べますと、次のとおりです！

そこから類推するところ、今回の相談者の遺言は自筆証書遺言と思い込んでいたけれど、署名がないとか、日付がないとか、形式を満たしていない、って恐れがあるってことですね。

［遺言の種類と特徴］

	自筆証書遺言	公正証書遺言	秘密証書遺言
作成方法	●遺言者が全文、日付、氏名を自書し、押印（認印可）する。	●遺言者が口述し、公証人が筆記する。 ●公証人はそれを遺言者および証人に読み聞かせ、または閲覧させる。	●遺言者が遺言書を作成（自筆である必要はない）し、自署・押印（認印可）する。 ●遺言者がそれを封筒に入れ、封をし、遺言書に使用した印鑑で封印する。 ●証人の立会いのもと公証人に提出、遺言者は自分の遺言であることを申述する。 ●公証人はその封筒に申述したことと提出日付を書き、封紙に遺言者、公証人、証人が署名押印する。
証人	不要	証人２名以上必要	証人２名以上必要
署名・押印	本人	本人、公証人、証人	本人、公証人、証人
裁判所の検認	必要	不要	必要
長所	●遺言作成の事実も内容も秘密にすることができる。 ●証人も不要で、いつでもどこでも作成できる。 ●費用がかからない。	●公証人が作成するので、要式不備で無効になる心配がない。 ●遺言書原本を公証人が、謄本を遺言者が、正本を遺言執行者が保管するので、紛失や変造等の危険がない。 ●検認手続きが不要である。	●公証されるので、変造の危険がない。 ●作成の事実は明確であるが、内容は秘密にできる。
短所	●要式の不備で無効になったり、紛争が起きる可能性がある。 ●脅迫、偽造・変造、紛失・隠匿などの危険がある。 ●検認手続きを要する。	●遺言書作成の事実、内容を秘密にすることができない。 ●費用がかかる（遺産１億円で数万円程度）。 ●証人が必要であり、手続きが煩雑である。	●公証人は内容の確認はしないので、要式の不備で無効になったり、紛争が起きる可能性がある。 ●公証役場には保管されないので、紛失・隠匿の危険がある。 ●検認手続きを要する。

所長　今回の遺言、公正証書遺言よ。
翼君　ガク……。じゃ何が問題なんすか？　あ、あーーわかった、わかっちゃった♪
　遺留分を満たしていないんだ、そうか、そうか。だめだなぁ。遺留分を満たすように作成するの、基本でしょ。
所長　それももちろん大事だけど、心配は別のことよ。まだまだね。
翼君　ググ……

所長の基礎講座

翼君の言っていた遺留分について、解説しましょう。

遺留分とは、遺言によっても侵害することができない相続人の権利をいいます。遺留分の権利の割合は、相続人が直系尊属のみである場合には、3分の1、それ以外の場合は2分の1です。

各相続人の遺留分（個別的遺留分）は、全体の遺留分に法定相続分の割合を掛けたものです。

たとえば、遺留分算定基礎財産を3億円とすれば、①相続人が配偶者と子ども2人の場合、遺留分は、配偶者が7,500万円、子ども1人3,750万円となり、②相続人が配偶者と父母の場合の遺留分は、配偶者が1億円で父母が5,000万円となります。

ただし、この遺留分を満たしていないと遺言が無効となる、というわけではありません。あくまで、相続人の誰かが、この遺言の内容では、自分の遺留分を侵害しているではないか！　侵害

（計算例）

① 配偶者：３億円×１/４＝7,500万円　子ども１人：３億円×１/８＝3,750万円

② 配偶者：３億円×１/３＝１億円　父母：３億円×１/６＝5,000万円

相続人	遺留分全体	各相続人の遺留分			
		配偶者	子供	父母	兄弟
配偶者のみ	１/２	１/２	×	×	×
子供のみ	１/２	×	１/２	×	×
父母のみ	１/３	×	×	１/３	×
兄弟のみ	×	×	×	×	×
配偶者と子供	１/２	１/４	１/４	×	×
配偶者と父母	１/２	２/６	×	１/６	×
配偶者と兄弟	１/２	１/２	×	×	×

した分を返せ！　と訴え出たときにはじめて、問題が顕在化するのです。

考えてみてください、遺言を書くってどういうときでしょう。

今はエンディングノートなど、自分の生涯を振り返って想いを伝えるということが人気になってきていますので、遺言に対するイメージも明るく軽くなったかもしれませんし、それはそれで良いことですが、そもそも遺言を書くということは、自分亡き後、自分の残した財産を自分の思うように分割したいということですよね。

その想いは、相続人全員が平等に、という方だけではないはずです。特定の相続人に集中させたい、この相続人には一切渡したくない、という感情だって、起きることがあるでしょう。そんな中で書かれた遺言が遺留分を満たしていなければ、裁判所の事件になってもおかしくないですね。

なので遺留分は考慮して遺言を書きましょう。でも肝心の遺留分がどのくらいなのかわからない？　それを知らないで遺言を書こうということ自体、無謀なのです。ちゃんと財産評価をしてから書きましょうね、遺言を書く際に是非税理士に相談してください、あら宣伝になっちゃいました？

真田さん　遺言があるんでね、このとおりに申告してくださいな。

所長　はい、見せてくださいね。あら、ご自宅は奥様に、という内容ではないのですね？　奥様は金融資産だけ？

真田さん　不動産を持ってたら、固定資産税もかかるし面倒でしょ。だから私はお金がいいわ、って主人に言ってたの。そしたら、長男には、住宅の取得資金で援助してあげてるからもう十分だろうし、自宅の土地建物は嫁にいった長女にしようって。私が死んだら、長女が売るなり貸すなり好きなようにすればいいと思って。次女には、相続であげるものはないので保険金の受取人にしておいてあげたのよ。だから問題ないの。

所長　よく考えた末の遺言だと思いますが、このとおり申告すると、相続税としてはかなり多額になりますがよろしいですか？　それからもしかすると、次女の方は遺留分を主張してくるかもしれませんが、それも本当に大丈夫でしょうか。

真田さん　は？　なんでそうなるの？

所長　相続税が多額になる、という点は、小規模宅地等の特例の問題ですね。これはですね、かくかくしかじか……（第1話で説明したとおり繰り返しています）。

真田さん　あらやだ、知らなかったわ。それじゃ、私が住んでいるんだから私が相続したほうがいいってわけね。

所長　そういうことになりますね。

真田さん　それから次女が訴えを起こすかもしれないってどういうこと？　次女の気が荒いのご存知だったの？

所長　いえいえ、次女の方にお会いしたことはないんですが、保険金って原則、相続財産ではないとされているんです。相続税では　相続財産とみなしているんですけどね。

相続財産ではないってことは、自らの財産、固有の財産っていいます。それをどうして相続税では、相続財産とみなしているかっていうと相続財産とみなすことで課税の公平を実現しようってことなんですね。亡くなる前にすべての財産を保険契約にかえてしまえば相続税がかからないってことになったらおかしいでしょ。ですが、本来相続財産でないものをみなすわけですから一定の非課税枠が設けられています。

法定相続人の数×５００万円です。

話がそれましたが、保険金が固有の財産だとしたら、次女は相続財産としては何ももらってないことになりますよね。そんな風に主張される可能性だってないとは言えない。

真田さん　まずいわね。確かに。
所長　どうします？
真田さん　遺言をなかったことにできないのかしら。
所長　なかったことに、というわけではありませんが、法定相続人以外に受遺者がいないなら相続人の皆さまで話をされて遺産分割協議が調えば、その方法で遺産を分割することは可能とされていますよ。
真田さん　そのほうがよさそうだわ。税金のこと考えてなかったし、次女にだって保険金のほかに分割してほしい財産があるのかもしれないし、ちゃんと聞いてみることにするわ。

反省会

翼君　遺言どおりにいくかって心配していたのは、遺言どおりに分割すると税金が高くなってしまうことがあったのですね。
所長　小規模宅地等の特例は前にもいったけど、減額としては大きいからねぇ。わざわざそれを外す遺産分割はしないほうがいいわ。遺言が生かせなかったのはとても残念だけど。生前に相談にきてくれたらねぇ。
翼君　それと保険のことなんですが、いまいち、ピンとこないんですよね。
所長　今回のケースは、相続財産が何ももらえない次女を受取人として保険をかけていたでしょ。

それが問題なの。

たとえば、保険金の受取人をお母さんとして、代償金の形で次女にお金をあげたらどうなったと思う？

翼君　代償金って？　相続財産を多くもらった人がそうでない人に代償として自己の財産を分けることでしたよね。お母さんがもらった保険金は、相続財産ではなくて自己の固有財産、そのお金を代償金として次女に渡す、代償金をもらった次女は相続財産をもらったものとして考えるってことか。

所長　そう、それが一番手っ取り早い解決方法かもしれないわ。ただ、法定相続分以上に代償金をもらう、ということになると、贈与に該当するのでは、という疑義が生じるケースもあるから、程度問題ということね。

代償分割と換価分割

遺産の分割方法として次の3つがあります。

①現物分割　遺産を現物のまま分割する方法

②代償分割　共同相続人のうち1人または数人が相続により財産の現物を取得し、その現物を取得した者が他の共同相続人に対して代償財産を支払うべき債務を負担する方法（代償分割では、相続財産は実際に承継した人の相続財産とされ、他の相続人に支払った代償財産は、相続財産から差し引きます。また、代償財産を取得した相続人については、その代償財産は贈与税ではなく、相続税の対象となります。代償債務は、その旨を明らかにするため遺産分割協議書にも記載します。）

③換価分割　共同相続人が相続により取得した財産の全部または一部を金銭に換価し、その換価代金を分割する方法

現物分割によって互いに不満なく遺産の分割ができれば問題ありません。

しかし、たとえば自宅以外に遺産がない場合、特定の相続人が取得すると相続人間で不均衡が

生じてしまいます。そうかといって自宅を共有にするというのも先々のことを考えると適切とは言いかねます。このような場合に、代償分割の方法がしばしば利用されています。

ただし、他の相続人に支払う現金が用意できず、遺産である土地等を売却することにより金銭に換えるケースにおいて、代償分割なのか、換価分割なのか問題になることがあります。

代償分割は、その現物の取得者自身が、それを譲渡するか否か、時期等をどうするかを決め、譲渡代金はその現物の取得者に帰属することになります。したがって、現物の取得者が譲渡所得を申告します。

一方、換価分割においては、共同相続した現物を直接に分割の対象とせずに、共同相続人全員がその未分割の現物を売却するか否か等を決め、それを譲渡した場合に得られる譲渡代金は共同相続人全員に帰属するので、譲渡所得も各相続人が各持分によって申告することになります。

このように、いずれに該当するかによって各相続人の譲渡所得税の負担も異なります。

代償分割か換価分割かについて、判例では、遺産分割協議書の記載内容にかかわらず、その実態、趣旨を重視するとされています。

第12話　一次相続と二次相続　贈与税の配偶者控除の使い方次第

所長　相続税対策としては、一次相続だけじゃなくて二次相続のことも考えないとね。

翼君　分かります、それ。二次相続っていわれるのは、夫婦のうち一人が亡くなった後にその配偶者が亡くなった場合の相続のことで、基礎控除額が一人分の600万円減りますから、二次相続のことも考えましょう、ということですよね。基礎控除って3,000万円＋600万円×法定相続人の数ですからね！

所長　もちろん、それもあるけど、小規模宅地等の特例要件が厳しくなったから（第1話を参照してください）、二次相続で特例が使えなくて税額がすごく多くなるケースが増えているでしょ。それで以前にも増して二次相続を見据えた相続対策が必要になってるのよ。

それに、二次相続まであらかじめ考えておけば、子供だけになったときに慌てたり揉めることも少なくなることが期待できるでしょ。

翼君　ということは、二次相続対策というのは納税資金対策と遺言が肝心だって話になるわけだ。

所長　それだけではなくて、一次相続と二次相続合わせての税負担が重くならないように一次相続時に配偶者の取得割合を考えるとか、贈与税の配偶者控除の特例を利用するとかね。

翼君　配偶者控除の特例？

本人の合計所得金額が1，000万円以下で配偶者の所得が一定額以下だと配偶者の所得控除があるってあれですか？　そういえば，先生，配偶者控除が必要なのか不必要なのかの論争に巻き込まれてボコボコにされたことがあるって噂を聞きましたが，本当ですか？で，結局どっち派ですか？

所長　今，その話するの？　炎上してもかまわない？

あ，違う違う，所得税（及び住民税）の配偶者控除のことじゃなくて，贈与税の配偶者控除のことよ。

所長の基礎講座

贈与税の配偶者控除とは，婚姻期間20年以上の夫婦間で，居住用の土地や家屋または居住用不動産を取得するための金銭の贈与をした場合に，贈与税の申告をすることで課税価格から2，000万円を控除することができる制度です。基礎控除110万円と合わせて，2，110万円まで贈与税がかからず，2，000万円までは生前贈与加算の適用もありません。

相続開始の年に贈与を受けた場合も贈与税の申告をすれば適用できます。

ただし，贈与による取得なので，不動産取得税がかかること，登録免許税が相続と比べて高いことにも留意して実行することが必要です。

町田さん　両親が高齢なので、相続後のことが心配で相談に来ました。両親が住んでいる実家の土地と建物と預貯金程度なのですが、路線価が高いところにあるので、相続税がかなり高いのではないかと心配で。

うちは、母方の実家が資産家で、土地も家も実は母親名義なんです。母親の相続のときに税金がかかるんでしょうか。相続人は私と妹の2人ですが2人とも結婚して同居はしていませんし、それぞれ持ち家があります。

（母の財産）
土地（180㎡）路線価40万円　（評価額7、200万円）
家屋　固定資産税評価額300万円
預貯金　500万円
（父の財産）
預貯金1、000万円

所長　では、(1)母親→父親の順に相続が発生した場合、(2)父親→母親の順に相続が発生した場合に分け、さまざまなパターンを考えてみましょうか。

所長の中級講座

一次相続と二次相続についてさまざまなパターンを考えてみましょう。

(1)　母親→父親の場合

①　母親の相続時（一次相続）

相続財産合計で8,000万円、債務やお葬式費用は考慮しないで試算します。この時点で相続人は3人ですから、相続税の総額は350万円です。これは父親が何も相続せず、貴方と妹さんとで、すべて相続した場合の税額と一緒です(a)。

次に、配偶者である父親が土地と建物を取得し、預貯金は子供が取得すると、ご自宅には小規模宅地等の特例が使えますので、相続税はゼロとなります(b)。

また、父親が土地と建物のそれぞれ3分の2を取得し、残りの3分の1の土地建物の持ち分と預貯金は子供が相続した場合もゼロです(c)。

さらに父親がすべて相続した場合(d)も配偶者の税額軽減（被相続人の配偶者の課税価格が1億6,000万円まで、配偶者の法定相続分までであれば相続税がかからない制度）でゼロになります。

②　父親の相続時（二次相続）

①の際にどのような分割をしたのかによって二次相続の税金は変わってきます。なお、財産額は、その間全く変化しないと仮定します。

●(1)のケースの相続税

区分	(a)　一次相続で配偶者が何も相続しない	(b)　一次相続で配偶者が自宅の土地建物をすべて相続	(c)　一次相続で配偶者が自宅の土地建物の2/3を相続する	(d)　配偶者がすべて相続する
一次相続の税金	350万円	0円	0円	0円
二次相続の税金	0円	545万円	180万円	620万円
合計	350万円	545万円	180万円	620万円

上表のように、一次相続ですべて配偶者が相続してしまうと二次相続では多額の相続税がかかってしまいます。(1)のケースでは、一次相続の際、自宅の土地建物の3分の1と預貯金を子供が取得しておくと相続税が低くなりました。

(2)　父親→母親の場合

① 父親の相続時（一次相続）

父親の相続財産は基礎控除以下のため、誰が取得しても相続税はかかりません。

預貯金の取得者を子供とするケース(a)と配偶者とするケース(b)に区分しましょう。

② 母親の相続時（二次相続）

①の際にどのような分割をしたのかによって二次相続の税金は変わってきます。

なお、預貯金の残額は、その間全く変化しないと仮定します。

●(2)のケースの相続税

区分	(a)　一次相続で配偶者が何も相続しない	(b)　一次相続で配偶者が1,000万円の預貯金を相続する
一次相続の税金	0円	0円
二次相続の税金	470万円	620万円
合計	470万円	620万円

上表のように、母親が先だった場合と比べ、配偶者の税額軽減が使えない分、二次相続では相続税の負担が重くなります。

町田さん　年齢からいって、父親が先に亡くなる確率のほうが高いと思うんですが、その場合に何か方法はないですかね。

所長　贈与税の配偶者控除の適用を検討したらいかがですか。

贈与税の配偶者控除で、あらかじめ母親の所有の土地家屋のうち2,000万円程度の持分を父親に贈与するというのはいかがですか？

贈与税はゼロですし、父親の相続の際（一次相続）でも、課税価格の合計額は預貯金1,000万円と土地家屋2,000万円で3,000万円ですから、基礎控除以下で相続税はゼロ。一次相続での土地家屋の持分の相続取得者を子供にしておけば、相続税は次のとおりです。

●贈与税の配偶者控除の適用後の(2)のケースの相続税

区分	(a)　一次相続で配偶者が何も相続しない	(b)　一次相続で配偶者が1,000万円の預貯金を相続する
一次相続の税金	0円	0円
二次相続の税金	180万円	320万円
合計	180万円	320万円

町田さん　贈与税の配偶者控除か、不動産取得税や登録免許税がかかることを考えてもそのほうが良いかもしれないなぁ。どんな手続きが必要なのかついでに教えてください。

所長　この特例を使って贈与税がゼロであっても贈与税の申告は必要です。では贈与税の書き方を見てみましょう。

申告書ができたら、添付書類と一緒に税務署に提出してください。

添付書類は次のとおり。

●贈与後10日を経過した日以後に作成された戸籍謄本または抄本

●贈与後10日を経過した日以後に作成された戸籍の附票の写し

●居住用不動産の登記事項証明書その他贈与で取得したことが分かるもの（**贈与契約書等**）

↓太字は、平成28年1月1日以後の贈与に適用

●居住用不動産に住んだ日以後に作成された住民票の写し（戸籍の附票と一致していれば不要）

贈与を受けた配偶者の氏名、住所、電話番号、生年月日、職業を記入します。

贈与を受けた財産の種類、評価額等を記入します。

贈与を受けた年月日を記入します。

贈与をした配偶者の氏名、住所、生年月日、続柄を記入します。

贈与を受けた財産の評価額を記入します。

贈与を受けた財産の評価額の合計額を記入します。

配偶者控除（最高2,000万円）を受ける金額を記入します。

贈与財産の課税価格の合計額が配偶者控除額より大きい場合は、配偶者控除額の控除後の金額を④に記入し、基礎控除110万円を差し引いて一般贈与財産の税率を適用して贈与税を算出します。

税務署長　平成　年　月　日提出

平成□□年分贈与税の申告書（兼贈与税の額の計算明細書）

FD4726

提出用　税務署受付印

住所	〒XXX-XXXX（電話 XX -XXXX-XXXX） 東京都〇〇市XX
フリガナ	マチダ 〇〇
氏名	町田 〇〇　印
個人番号又は法人番号	↓個人番号の記載に当たっては、左端を空欄とし、ここから記入してください。 XXXXXXXXXXXX
生年月日	3 XX.XX.XX　職業 XXXX

明治1　大正2　昭和3　平成4

税務署整理欄（記入しないでください。）

整理番号		名簿	
補完		確認	
申告書提出年月日	財産細目コード	事案処理	署区分
災害等延長年月日			
出国年月日		訂正	修正
死亡年月日		作成区分	枚数

第一表（平成28年分以降用）

（住宅取得等資金の非課税の申告は申告書第一表の二又は第一表の三と、相続時精算課税の申告は申告書第二表と、一緒に提出してください。）

Ⅰ 暦年課税分

i 特例贈与財産分

私は、租税特別措置法第70条の2の5第1項又は第3項の規定による直系尊属から贈与を受けた場合の贈与税の税率（特例税率）の特例の適用を受けます。

贈与者の住所・氏名（フリガナ）申告者との続柄・生年月日	種類	細目 / 所在場所等	利用区分・銘柄等	数量 / 固定資産税評価額	単価 / 倍数	財産を取得した年月日 / 財産の価額（単位：円） / 過去の贈与税の申告状況
住所 フリガナ 氏名　続柄□←（直系尊属）父1 母2 祖父3 祖母4 上記以外5 ※5の場合に記入します。 生年月日					円 / 倍	平成　年　月　日 過去に、特例税率の適用を受けるために左記の贈与者との続柄を明らかにする書類を提出している場合には、その提出した年分及び税務署名を記入します。　平成　年分　署
住所 フリガナ 氏名　続柄□←（直系尊属）父1 母2 祖父3 祖母4 上記以外5 ※5の場合に記入します。 生年月日					円 / 倍	平成　年　月　日 過去に、特例税率の適用を受けるために左記の贈与者との続柄を明らかにする書類を提出している場合には、その提出した年分及び税務署名を記入します。　平成　年分　署

特例贈与財産の価額の合計額（課税価格）　①

ii 一般贈与財産分

贈与者の住所・氏名（フリガナ）申告者との続柄・生年月日	種類	細目 / 所在場所等	利用区分・銘柄等	数量 / 固定資産税評価額	単価 / 倍数	財産を取得した年月日 / 財産の価額
住所 東京都〇〇市XX フリガナ マチダ △△ 氏名 町田△△　続柄 6 ←（直系尊属）父1 母2 祖父3 祖母4 上記以外5（直系尊属以外）夫6 妻7 上記以外8 ※5又は8の場合に記入します。 生年月日 3 XX.XX.XX	土地	宅地 / 東京都〇〇市XX	自用地	(45/185) 48 ㎡	400,000円 / 倍	平成XX年XX月XX日 19200000
住所 東京都〇〇市XX フリガナ マチダ △△ 氏名 町田△△　続柄 6 ←（直系尊属）父1 母2 祖父3 祖母4 上記以外5（直系尊属以外）夫6 妻7 上記以外8 ※5又は8の場合に記入します。 生年月日 3 XX.XX.XX	家屋	家屋 / 東京都〇〇市XX	自用家屋	1,900,000	1	平成XX年XX月XX日 1900000

一般贈与財産の価額の合計額（課税価格）　②　21100000

配偶者控除額（右の事実に該当する場合には、「□」にレ印を記入します。… ☑ 私は、今回の贈与者からの贈与について、初めて贈与税の配偶者控除の適用を受けます。）（最高2,000万円）　③　20000000

（贈与を受けた居住用不動産の価額及び贈与を受けた金銭のうち居住用不動産の取得に充てた部分の金額の合計額）　円

【合計欄】

暦年課税分（③の控除後の課税価格）　（単位：円）

Ⅰ	暦年課税分の課税価格の合計額（①＋（②－③））	④	1100000
	基礎控除額	⑤	1100000
	⑤の控除後の課税価格（④－⑤）	⑥	000
	⑥に対する税額「贈与税の速算表」を使用して計算します。	⑦	0
	外国税額の控除額	⑧	
	医療法人持分税額控除額	⑨	
	差引税額（⑦－⑧－⑨）	⑩	0
Ⅱ 相続時精算課税分	相続時精算課税分の課税価格の合計額（特定贈与者ごとの第二表の⑨の金額の合計額）	⑪	
	相続時精算課税分の差引税額の合計額（特定贈与者ごとの第二表の⑬の金額の合計額）	⑫	

Ⅲ 合計	課税価格の合計額（①＋②＋⑪）	⑬	21100000
	差引税額の合計額（納付すべき税額）（⑩＋⑫）	⑭	00
	農地等納税猶予税額	⑮	00
	株式等納税猶予税額	⑯	00
	医療法人持分納税猶予税額	⑰	00
	申告期限までに納付すべき税額（⑭－⑮－⑯－⑰）	⑱	00

⑦欄の税額の計算方法等については、申告書第一表（控用）の裏面をご確認ください。

この申告書が修正申告書である場合			
	差引税額の合計額（納付すべき税額）の増加額	⑲	00
	申告期限までに納付すべき税額の増加額	⑳	00

作成税理士の事務所所在地・署名押印・電話番号　印

□ 税理士法第30条の書面提出有
□ 税理士法第33条の2の書面提出有

通信日付印　確認者印

（資5－10－1－1－A4統一）

反省会

所長　今日の相談は、相続税は一次相続・二次相続合わせて検討したほうがいいという例だったわね。どう分割したら一番良いのかはそれぞれのケースで異なるので、いろいろ検討してみることが必要よね。
　夫婦の年齢差が開いている場合や、若くして配偶者が亡くなったような、一次相続と二次相続の間が長いと想定される場合では、一次相続のときに配偶者が多く相続して、じっくり相続対策をするほうが良い場合も多いしね。
　だけど一番損なのは、相続人間で争ってしまうこと。相続税の申告期限までに遺産分割が調わないとどうなる？

翼君　え〜と、未分割財産として法定相続分で申告する、でしたよね。その場合、分割していることが要件の特例が適用できない、と。

所長　正解。この場合、次の特例が適用不可になるのね。

①　配偶者の税額軽減制度（申告期限から3年以内に分割できれば適用あり。相続税の申告書に「申告期限後3年以内の分割見込書」を添付しておく。）

②　小規模宅地等の特例（申告期限から3年以内に分割できれば適用あり。相続税の申告書に「申告期限後3年以内の分割見込書」を添付しておく。）

③　農地等の相続税の納税猶予

④　非上場株式等の相続税の納税猶予

それから、未分割資産は物納（170ページのコラム参照）することも難しいし、譲渡所得の取得費加算特例（63ページ）も相続税の申告期限の翌日から3年以内の譲渡に制限されているけど、争いが長引くと、売ること自体が難しくなるから厳しいわね。

それに未分割のために、金融機関で預貯金の払戻しをしてもらえず、被相続人の債務が弁済できなくて延滞金が発生したり、代理人（弁護士）を立てることにでもなれば、その費用もバカにならないでしょ。何ひとつついいことはないわ。

そうならないように、日頃から、家族仲良く、たとえ遠くに住んでいてもお互いを思いやるってことが何より大事かなぁ。その上で税金制度も知っておくに越したことはないってことね。

翼君　は～い、僕も実家の両親に会いたくなったので、一週間お休みします。

所長　は？　今、ご両親と一緒に住んでるでしょ？

翼君　バレたか……。まあ、とにかく、税金制度を知らないと損をするってことだけは、よ～く分かりました。

延納・物納

相続税の納付は、金銭による一括納付が原則ですが、納税資金が不足する場合は、相続税を分割して納付できる延納や、土地や建物などの相続財産で納める物納を活用することが考えられます。

延納の要件は、①相続税額が10万円を超えていること、②金銭での納付が困難な金額の範囲内であること、③延納申請書等を納期限までに提出すること、④延納税額及び利子税の額に相当する担保を提供すること（延納税額が１００万円以下で、かつ、延納期間が3年以下の場合を除く）の全てを満たすことです。

②の納付が困難な金額とは、（相続税額）－〔（納期限において有する現金化の容易な財産の価額に相当する金額）－（申請者および生計一親族の３か月分の生活費＋申請者が事業を行っている場合は１か月分の運転資金）〕となります。

③の期限については、納期限（相続開始を知った日の翌日から10か月を経過する日）から最長6か月間の延長が可能です。

物納の要件には、①延納によっても金銭での納付することが困難である理由があり、かつ納付が困難な金額の範囲内であること、②物納申請財産が相続税の計算の基礎となった財産のうち定められた種類の財産で定められた順位によること、③物納適格財産であること、④物納申請書等を期限までに提出すること、があります。

①の金額の計算は少し複雑ですが、延納によって納付することができる金額は、年間収入見込額、1年分の生活費や必要な運転資金などを考慮して算出します。

②の定められた種類・順位とは、第1順位が国債・地方債・不動産等、上場株式等、第2順位が非上場株式等、第3順位が動産となります。

③の物納適格とは、不動産であれば抵当権が設定されていないこと、権利や境界について争いがないことなどがあり、株式であれば譲渡制限がないこと、質権その他の担保権の目的となっていないことなどがあります。

このように延納・物納を選択することは容易ではありません。

納税資金対策をしっかり立てておくことが相続対策では重要です。

第2編

相続税の申告書を書いてみよう

相続税や贈与税には、まだまだたくさんの論点がありますが、このコーナーでは、相続人は配偶者を含めて３名、遺産は、自宅と貸家、金融資産等で、一部を代償分割により分割する事例で相続税の申告書の書き方を見ていきます。

ここに収まりきらない個別の問題や疑問は、税理士にぜひご相談ください。

被相続人の死亡の時の住所地の所轄税務署を記入します。

相続開始日（死亡日）を記入します。

相続人の氏名、生年月日、相続開始日における年齢、住所、電話番号、続柄、職業を記入します。

認印を押します（実印である必要はありません）。

相続人の個人番号（マイナンバー）を記入します。

被相続人の氏名、生年月日、年齢、住所、職業を記入します。

取得原因に◯をします。

第11表から転記します。

第13表から転記します。

第14表から転記します。

第２表から転記します。

第２表の㋩から転記します。

第５表から転記します。

あん分割合は、相続人全員の割合の合計が1.00になるように小数点以下２位未満の端数を調整します。

第２表の㋺から転記します。

配偶者の税額軽減の結果、配偶者の納付税額はゼロになりました。

△△ 税務署長

28年 X 月 X 日提出

相続税の申告書

FD3555

相続開始年月日 平成28年 X 月 X 日

※申告期限延長日 年 月 日

○フリガナは、必ず記入してください。

	各人の合計	財産を取得した人
フリガナ	(被相続人) ○○ タロウ	○○ ハナコ
氏名	○○ 太郎	○○ 花子 ㊞
個人番号又は法人番号		XXXXXXXXXXXX
生年月日	昭和XX年 XX月 XX日 (年齢 XX 歳)	昭和XX年 XX月 XX日 (年齢 XX 歳)
住所 (電話番号)	○○市○○1丁目XX	〒 ○○市○○1丁目XX (XXX - 123 - 4567)
被相続人との続柄 / 職業		妻 / なし
取得原因	該当する取得原因を○で囲みます。	(相続)・遺贈・相続時精算課税に係る贈与
※整理番号		

区分	項目	番号	各人の合計 (円)	財産を取得した人 (円)
課税価格の計算	取得財産の価額 (第11表③)	①	85352390	62350890
	相続時精算課税適用財産の価額 (第11の2表1⑦)	②		
	債務及び葬式費用の金額 (第13表3⑦)	③	17258000	17258000
	純資産価額 (①+②−③) (赤字のときは0)	④	68094390	45092890
	純資産価額に加算される暦年課税分の贈与財産価額 (第14表1④)	⑤	6000000	
	課税価格 (④+⑤) (1,000円未満切捨て)	⑥	74093000 Ⓐ	45092000
各人の算出税額の計算	法定相続人の数 / 遺産に係る基礎控除額		3人 / 48000000 Ⓑ	左の欄には、第2表の②欄の㋺の人数及び㋩の金額を記入します。
	相続税の総額	⑦	2761500	左の欄には、第2表の⑧欄の金額を記入します。
	一般の場合 (⑩の場合を除く) あん分割合 (各人の⑥/Ⓐ)	⑧	1.00	0.608587
	算出税額 (⑦×各人の⑧)	⑨	2761499	1680613
	農地等納税猶予の適用を受ける場合 算出税額 (第3表⑬)	⑩		
	相続税額の2割加算が行われる場合の加算金額 (第4表1⑥)	⑪		
各人の納付・還付税額の計算 税額控除	暦年課税分の贈与税額控除額 (第4表の2⑰)	⑫	380000	
	配偶者の税額軽減額 (第5表㋑又は㋩)	⑬	1680611	1680611
	未成年者控除額 (第6表1②、③又は⑥)	⑭		
	障害者控除額 (第6表2②、③又は⑥)	⑮		
	相次相続控除額 (第7表⑬又は⑱)	⑯		
	外国税額控除額 (第8表1⑱)	⑰		
	計	⑱	2060611	1680611
	差引税額 (⑨+⑪−⑱)又は(⑩+⑪−⑱) (赤字のときは0)	⑲	700888	
	相続時精算課税分の贈与税額控除額 (第11の2表⑧)	⑳	00	00
	医療法人持分税額控除額 (第8の4表2B)	㉑		
	小計 (⑲−⑳−㉑) (黒字のときは100円未満切捨て)	㉒		
	農地等納税猶予税額 (第8表2⑦)	㉓	700800	00
	株式等納税猶予税額 (第8の2表2⑩)	㉔	00	00
	山林納税猶予税額 (第8の3表2⑧)	㉕	00	00
	医療法人持分納税猶予税額 (第8の4表2A)	㉖	00	00
	申告納税額 (㉒−㉓−㉔−㉕−㉖) 申告期限までに納付すべき税額	㉗	700800	00
	還付される税額	㉘	△	△

※税務署整理欄	申告区分	年分	グループ番号	補完番号	名簿番号	申告年月日	検算印	管理補完	確認

作成税理士の事務所所在地・署名押印・電話番号 ㊞

□ 税理士法第30条の書面提出有

□ 税理士法第33条の2の書面提出有

税務署受付印

○この申告書は機械で読み取りますので、黒ボールペンで記入してください。また、申告書と添付資料を一緒にとじないでください。

※の項目は記入する必要がありません。

第1表(平成28年分以降用)

(注) ㉒欄の金額が赤字となる場合は、㉒欄の左端に△を付してください。なお、この場合で、㉒欄の金額のうちに贈与税の外国税額控除額(第11の2表⑨)があるときの㉘欄の金額については、「相続税の申告のしかた」を参照してください。

※税務署整理欄 通信日付印 年月日 確認者印

相続人が２人以上あるとき

第４表の２⑰から転記します。

各人の納付金額です。

相続税の申告書(続)

FD3556

第1表(続)(平成28年分以降用)

○この申告書は機械で読み取りますので、黒ボールペンで記入してください。

○フリガナは、必ず記入してください。

	※申告期限延長日　年　月　日	※申告期限延長日　年　月　日
	財産を取得した人	財産を取得した人
フリガナ	○○ チョウジョ	○○ チョウナン
氏名	○○長女 ㊞	○○長男 ㊞
個人番号又は法人番号	XXXXXXXXXXXX	XXXXXXXXXXXX
生年月日	昭和XX年XX月XX日(年齢XX歳)	昭和XX年XX月XX日(年齢XX歳)
住所(電話番号)	〒 ○○市△△3丁目XX (XXX－456－7890)	〒 ○○市○○2丁目XX (XXX－789－1234)
被相続人との続柄／職業	長女／会社員	長男／会社員
取得原因	(相続)・遺贈・相続時精算課税に係る贈与	(相続)・遺贈・相続時精算課税に係る贈与
※整理番号		
課税価格の計算　取得財産の価額(第11表③) ①	11,501,500円	11,500,000円
相続時精算課税適用財産の価額(第11の2表1⑦) ②		
債務及び葬式費用の金額(第13表3⑦) ③		
純資産価額(①+②−③)(赤字のときは0) ④	11,501,500	11,500,000
純資産価額に加算される暦年課税分の贈与財産価額(第14表1④) ⑤	3,000,000	3,000,000
課税価格(④+⑤)(1,000円未満切捨て) ⑥	14,501,000	14,500,000
各人の算出税額の計算　法定相続人の数／遺産に係る基礎控除額		
相続税の総額 ⑦		
一般の場合(⑩の場合を除く)　あん分割合(各人の⑥/Ⓐ) ⑧	0.195713	0.195700
算出税額(⑦×各人の⑧) ⑨	540,461円	540,425円
農地等納税猶予の適用を受ける場合　算出税額(第3表⑬) ⑩		
相続税額の2割加算が行われる場合の加算金額(第4表1⑥) ⑪	円	円
各人の納付・還付税額の計算　税額控除　暦年課税分の贈与税額控除額(第4表の2⑰) ⑫	190,000	190,000
配偶者の税額軽減額(第5表㋑又は㋺) ⑬		
未成年者控除額(第6表1②、③又は⑥) ⑭		
障害者控除額(第6表2②、③又は⑥) ⑮		
相次相続控除額(第7表⑬又は⑱) ⑯		
外国税額控除額(第8表1⑱) ⑰		
計 ⑱	190,000	190,000
差引税額(⑨+⑪−⑱)又は(⑩+⑪−⑱)(赤字のときは0) ⑲	350,461	350,425
相続時精算課税分の贈与税額控除額(第11の2表⑧) ⑳	00	00
医療法人持分税額控除額(第8の4表2B) ㉑		
小計(⑲−⑳−㉑)(黒字のときは100円未満切捨て) ㉒	350,400	350,400
農地等納税猶予税額(第8表2⑦) ㉓	00	00
株式等納税猶予税額(第8の2表2⑩) ㉔	00	00
山林納税猶予税額(第8の3表2⑧) ㉕	00	00
医療法人持分納税猶予税額(第8の4表2A) ㉖	00	00
申告納税額(㉒−㉓−㉔−㉕−㉖)　申告期限までに納付すべき税額 ㉗	350,400	350,400
還付される税額 ㉘	△	△

(注) ㉒欄の金額が赤字となる場合は、㉒欄の左端に△を付してください。なお、この場合で、㉒欄の金額のうちに贈与税の外国税額控除額(第11の2表⑨)があるときの㉘欄の金額については、「相続税の申告のしかた」を参照してください。

※の項目は記入する必要がありません。

※税務署整理欄　申告区分／年分／グループ番号／補完番号／名簿番号／申告年月日／管理補完／確認／検算印／補完番号／管理補完／確認

基礎控除額を計算します。

課税価格の合計額㋑から基礎控除額㋩を引いた金額を記入します。

法定相続分を記入します。

課税遺産総額㊁に法定相続分⑤を乗じて、各人の取得金額を計算します。

下の速算表を使って⑥の金額に対する税額を計算します。

法定相続分は合計で１になります。

各人の税額の合計（相続税の総額）を第１表の⑦に転記します。

相続税の総額の計算書

被相続人	○○太郎

第2表（平成27年分以降用）

○この表を修正申告書の第2表として使用するときは、㋑欄には修正申告書第1表の㋺欄の⑥Ⓐの金額を記入し、㋭欄には修正申告書第3表の1の㋺欄の⑥Ⓐの金額を記入します。

この表は、第1表及び第3表の「相続税の総額」の計算のために使用します。

なお、被相続人から相続、遺贈や相続時精算課税に係る贈与によって財産を取得した人のうちに農業相続人がいない場合は、この表の㋭欄及び㋬欄並びに⑨欄から⑪欄までは記入する必要がありません。

① 課税価格の合計額		② 遺産に係る基礎控除額		③ 課税遺産総額	
㋑（第1表⑥Ⓐ）	74,093,000円	3,000万円＋（600万円×㋺ 3人（Ⓐの法定相続人の数））＝	㋩ 4,800万円	㋥（㋑－㋩）	26,093,000円
㋭（第3表⑥Ⓐ）	,000	㋺の人数及び㋩の金額を第1表Ⓑへ転記します。		㋬（㋭－㋩）	,000

④ 法定相続人（（注）1参照）		⑤ 左の法定相続人に応じた法定相続分	第1表の「相続税の総額⑦」の計算		第3表の「相続税の総額⑦」の計算	
氏名	被相続人との続柄		⑥ 法定相続分に応ずる取得金額（㋥×⑤）（1,000円未満切捨て）	⑦ 相続税の総額の基となる税額（下の「速算表」で計算します。）	⑨ 法定相続分に応ずる取得金額（㋬×⑤）（1,000円未満切捨て）	⑩ 相続税の総額の基となる税額（下の「速算表」で計算します。）
○○花子	妻	1/2	13,046,000円	1,456,900円	,000円	円
○○長女	長女	1/4	6,523,000	652,300	,000	
○○長男	長男	1/4	6,523,000	652,300	,000	
			,000		,000	
			,000		,000	
			,000		,000	
			,000		,000	
			,000		,000	
			,000		,000	
法定相続人の数	Ⓐ 3人	合計 1	⑧ 相続税の総額（⑦の合計額）（100円未満切捨て）	2,761,500	⑪ 相続税の総額（⑩の合計額）（100円未満切捨て）	00

（注）1 ④欄の記入に当たっては、被相続人に養子がある場合や相続の放棄があった場合には、「相続税の申告のしかた」をご覧ください。
2 ⑧欄の金額を第1表⑦欄へ転記します。財産を取得した人のうちに農業相続人がいる場合は、⑧欄の金額を第1表⑦欄へ転記するとともに、⑪欄の金額を第3表⑦欄へ転記します。

相続税の速算表

法定相続分に応ずる取得金額	10,000千円以下	30,000千円以下	50,000千円以下	100,000千円以下	200,000千円以下	300,000千円以下	600,000千円以下	600,000千円超
税率	10%	15%	20%	30%	40%	45%	50%	55%
控除額	－千円	500千円	2,000千円	7,000千円	17,000千円	27,000千円	42,000千円	72,000千円

この速算表の使用方法は、次のとおりです。
⑥欄の金額×税率－控除額＝⑦欄の税額　　⑨欄の金額×税率－控除額＝⑩欄の税額
例えば、⑥欄の金額30,000千円に対する税額（⑦欄）は、30,000千円×15%－500千円＝4,000千円です。

○連帯納付義務について
相続税の納税については、各相続人等が相続、遺贈や相続時精算課税に係る贈与により受けた利益の価額を限度として、お互いに連帯して納付しなければならない義務があります。

暦年課税分の贈与税額控除を受ける人の氏名を記入します。

第14表に記載した贈与年（相続開始の年の前年分、前々年分、前々々年分）ごとに贈与額（贈与税の配偶者控除の適用を受けた財産を除く）、贈与税額を記入します。

第１表の⑫に転記します。

【参考】第４表「相続税額の加算金額の計算書」の記入者

２割加算の対象者（相続・遺贈・相続時精算課税による贈与によって財産を取得した人のうちに、被相続人の１親等の血族（代襲相続人となった孫・ひ孫を含む）および配偶者以外の人）です。

暦年課税分の贈与税額控除額の計算書

被相続人	

第4表の2（平成28年分用）

この表は、第14表の「1　純資産価額に加算される暦年課税分の贈与財産価額及び特定贈与財産価額の明細」欄に記入した財産のうち相続税の課税価格に加算されるものについて、贈与税が課税されている場合に記入します。

控除を受ける人の氏名			○○長女	○○長男		
相続開始の年の前年分（平成27年分）	贈与税の申告書の提出先		税務署	税務署	税務署	税務署
	被相続人から暦年課税に係る贈与によって租税特別措置法第70条の2の5第1項の規定の適用を受ける財産（特例贈与財産）を取得した場合					
	相続開始の年の前年中に暦年課税に係る贈与によって取得した特例贈与財産の価額の合計額	①	円	円	円	円
	①のうち被相続人から暦年課税に係る贈与によって取得した特例贈与財産の価額の合計額（贈与税額の計算の基礎となった価額）	②				
	その年分の暦年課税分の贈与税額（裏面の「2」参照）	③				
	控除を受ける贈与税額（特例贈与財産分）（③×②÷①）	④				
	被相続人から暦年課税に係る贈与によって租税特別措置法第70条の2の5第1項の規定の適用を受けない財産（一般贈与財産）を取得した場合					
	相続開始の年の前年中に暦年課税に係る贈与によって取得した一般贈与財産の価額の合計額（贈与税の配偶者控除後の金額）	⑤	円	円	円	円
	⑤のうち被相続人から暦年課税に係る贈与によって取得した一般贈与財産の価額の合計額（贈与税額の計算の基礎となった価額）	⑥				
	その年分の暦年課税分の贈与税額（裏面の「3」参照）	⑦				
	控除を受ける贈与税額（一般贈与財産分）（⑦×⑥÷⑤）	⑧				
相続開始の年の前々年分（平成26年分）	贈与税の申告書の提出先		○○ 税務署	○○ 税務署	税務署	税務署
	相続開始の年の前々年中に暦年課税に係る贈与によって取得した財産の価額の合計額（贈与税の配偶者控除後の金額）	⑨	円 3,000,000	円 3,000,000	円	円
	⑨のうち被相続人から暦年課税に係る贈与によって取得した財産の価額の合計額（贈与税額の計算の基礎となった価額）	⑩	3,000,000	3,000,000		
	その年分の暦年課税分の贈与税額	⑪	190,0 00	190,0 00	00	00
	控除を受ける贈与税額（⑪×⑩÷⑨）	⑫	190,000	190,000		
相続開始の年の前々々年分（平成25年分）	贈与税の申告書の提出先		税務署	税務署	税務署	税務署
	相続開始の年の前々々年中に暦年課税に係る贈与によって取得した財産の価額の合計額（贈与税の配偶者控除後の金額）	⑬				
	⑬のうち相続開始の日から遡って3年前の日以後に被相続人から暦年課税に係る贈与によって取得した財産の価額の合計額（贈与税額の計算の基礎となった価額）	⑭				
	その年分の暦年課税分の贈与税額	⑮	00	00	00	00
	控除を受ける贈与税額（⑮×⑭÷⑬）	⑯				
暦年課税分の贈与税額控除額計（④＋⑧＋⑫＋⑯）		⑰	円 190,000	円 190,000	円	円

（注）各人の⑰欄の金額を第1表のその人の「暦年課税分の贈与税額控除額⑫」欄に転記します。

第１表のⒶ（課税価格）に配偶者の法定相続分を乗じた金額を記入します。

左記の金額と１億6,000万円のいずれか多い金額を記入します。

①～⑩を記入し、⑩の金額とⓇの金額の少ない方の金額が配偶者の税額軽減額です。㋩の金額を第１表の⑬に記入します。

【参考】配偶者の税額軽減額の計算式

相続税の総額×（下記ⓐとⓑのいずれか少ない方の金額／課税価格の合計額）＝配偶者の税額軽減額

ⓐ　課税価格の合計額×（配偶者の法定相続分か１億6,000万円のいずれか多い方）
ⓑ　配偶者の課税価格（相続税の申告期限までに未分割の財産は除く）

配偶者の税額軽減額の計算書

被相続人	００太郎

第5表（平成21年4月分以降用）

私は、相続税法第19条の２第１項の規定による配偶者の税額軽減の適用を受けます。

1　一般の場合

（この表は、①被相続人から相続、遺贈や相続時精算課税に係る贈与によって財産を取得した人のうちに農業相続人がいない場合又は②配偶者が農業相続人である場合に記入します。）

課税価格の合計額のうち配偶者の法定相続分相当額	（第１表のⒶの金額）〔配偶者の法定相続分〕 74,093,000円 × 1/2 ＝ 37,046,500円 上記の金額が16,000万円に満たない場合には、16,000万円	㋑※ 160,000,000円

配偶者の税額軽減額を計算する場合の課税価格	① 分割財産の価額（第11表の配偶者の①の金額）	分割財産の価額から控除する債務及び葬式費用の金額 ② 債務及び葬式費用の金額（第１表の配偶者の③の金額）	③ 未分割財産の価額（第11表の配偶者の②の金額）	④（②－③）の金額（③の金額が②の金額より大きいときは０）	⑤ 純資産価額に加算される暦年課税分の贈与財産価額（第１表の配偶者の⑤の金額）	⑥（①－④＋⑤）の金額（⑤の金額より小さいときは⑤の金額）（1,000円未満切捨て）
	62,350,890円	17,258,000円	円	17,258,000円	円	※ 45,092,000円

⑦ 相続税の総額（第１表の⑦の金額）	⑧ ㋑の金額と⑥の金額のうちいずれか少ない方の金額	⑨ 課税価格の合計額（第１表のⒶの金額）	⑩ 配偶者の税額軽減の基となる金額（⑦×⑧÷⑨）
2,761,500円	45,092,000円	74,093,000円	1,680,611円

配偶者の税額軽減の限度額	（第１表の配偶者の⑨又は⑩の金額）（第１表の配偶者の⑫の金額） （1,680,613円 － 　円）	㋺ 1,680,613円
配偶者の税額軽減額	（⑩の金額と㋺の金額のうちいずれか少ない方の金額）	㋩ 1,680,611円

（注）㋩の金額を第１表の配偶者の「配偶者の税額軽減額⑬」欄に転記します。

2　配偶者以外の人が農業相続人である場合

（この表は、被相続人から相続、遺贈や相続時精算課税に係る贈与によって財産を取得した人のうちに農業相続人がいる場合で、かつ、その農業相続人が配偶者以外の場合に記入します。）

課税価格の合計額のうち配偶者の法定相続分相当額	（第３表のⒶの金額）〔配偶者の法定相続分〕 ,000円 × ―― ＝ 　円 上記の金額が16,000万円に満たない場合には、16,000万円	㊁※ 円

配偶者の税額軽減額を計算する場合の課税価格	⑪ 分割財産の価額（第11表の配偶者の①の金額）	分割財産の価額から控除する債務及び葬式費用の金額 ⑫ 債務及び葬式費用の金額（第１表の配偶者の③の金額）	⑬ 未分割財産の価額（第11表の配偶者の②の金額）	⑭（⑫－⑬）の金額（⑬の金額が⑫の金額より大きいときは０）	⑮ 純資産価額に加算される暦年課税分の贈与財産価額（第１表の配偶者の⑤の金額）	⑯（⑪－⑭＋⑮）の金額（⑮の金額より小さいときは⑮の金額）（1,000円未満切捨て）
	円	円	円	円	円	※ ,000円

⑰ 相続税の総額（第３表の⑦の金額）	⑱ ㊁の金額と⑯の金額のうちいずれか少ない方の金額	⑲ 課税価格の合計額（第３表のⒶの金額）	⑳ 配偶者の税額軽減の基となる金額（⑰×⑱÷⑲）
00円	円	,000円	円

配偶者の税額軽減の限度額	（第１表の配偶者の⑩の金額）（第１表の配偶者の⑫の金額） （　円 － 　円）	㋭ 円
配偶者の税額軽減額	（⑳の金額と㋭の金額のうちいずれか少ない方の金額）	㋬ 円

（注）㋬の金額を第１表の配偶者の「配偶者の税額軽減額⑬」欄に転記します。

※　相続税法第19条の２第５項（隠蔽又は仮装があった場合の配偶者の相続税額の軽減の不適用）の規定の適用があるときには、「課税価格の合計額のうち配偶者の法定相続分相当額」の（第１表のⒶの金額）、⑥、⑦、⑨、「課税価格の合計額のうち配偶者の法定相続分相当額」の（第３表のⒶの金額）、⑯、⑰及び⑲の各欄は、第５表の付表で計算した金額を転記します。

受け取った死亡保険金を記入します。

被相続人の死亡によって生命保険金の受給を受けた保険会社名・所在地を記入します。

500万円×法定相続人の数（この事例では３人）=1,500万円。

受け取った保険金額≦非課税金額のため課税される保険金の額はゼロとなりました。

生命保険金を受けとった相続人の氏名を記入します。ただし、相続放棄をした人は除きます。

生命保険金などの明細書

被相続人	○○太郎

第9表（平成21年4月分以降用）

1　相続や遺贈によって取得したものとみなされる保険金など

この表は、相続人やその他の人が被相続人から相続や遺贈によって取得したものとみなされる生命保険金、損害保険契約の死亡保険金及び特定の生命共済金などを受け取った場合に、その受取金額などを記入します。

保険会社等の所在地	保険会社等の名称	受取年月日	受取金額	受取人の氏名
○○区○○1丁目XX	○○生命保険	28.5.10	15,000,000円	○○花子
		・　・		
		・　・		
		・　・		
		・　・		

（注）1　相続人（相続の放棄をした人を除きます。以下同じです。）が受け取った保険金などのうち一定の金額は非課税となりますので、その人は、次の２の該当欄に非課税となる金額と課税される金額とを記入します。
2　相続人以外の人が受け取った保険金などについては、非課税となる金額はありませんので、その人は、その受け取った金額そのままを第11表の「財産の明細」の「価額」の欄に転記します。
3　相続時精算課税適用財産は含まれません。

2　課税される金額の計算

この表は、被相続人の死亡によって相続人が生命保険金などを受け取った場合に、記入します。

保険金の非課税限度額	（500万円×〔第2表のⒶの法定相続人の数〕3人 により計算した金額を右のⒶに記入します。）	Ⓐ 15,000,000円

保険金などを受け取った相続人の氏名	① 受け取った保険金などの金額	② 非課税金額（Ⓐ×各人の①/Ⓑ）	③ 課税金額（①－②）
○○花子	15,000,000円	15,000,000円	0円
合計	Ⓑ 15,000,000	15,000,000	0

（注）1　Ⓑの金額がⒶの金額より少ないときは、各相続人の①欄の金額がそのまま②欄の非課税金額となりますので、③欄の課税金額は0となります。
2　③欄の金額を第11表の「財産の明細」の「価額」欄に転記します。

被相続人の名前を記入します。

遺産分割協議の調った日を記入します。一部のみ分割、未分割の場合は右の２・３に記入します。

第11・11の２表の付表１の⑧の金額を記入します。

自用家屋は１倍です。

固定資産税評価明細書などから固定資産税評価額を記入します。

貸家の倍率（１－0.3）＝0.7を記入します。

財産の種類・細目・利用区分（銘柄等）・所在場所等・数量・単価などを記入します。

相続開始日の残高を記入します。定期性の預金は、経過利息（相続開始日において確定している税引後の利息）込みの金額を記入します。

相続税がかかる財産の明細書

（相続時精算課税適用財産を除きます。）

被相続人　○○太郎

第11表（平成21年4月分以降用）

○相続時精算課税適用財産の明細については、この表によらず第11の2表に記載します。

この表は、相続や遺贈によって取得した財産及び相続や遺贈によって取得したものとみなされる財産のうち、相続税のかかるものについての明細を記入します。

遺産の分割状況	区分	1 全部分割	2 一部分割	3 全部未分割
	分割の日	XX・XX・XX	・・	

財産の明細 種類	細目	利用区分、銘柄等	所在場所等	数量 / 固定資産税評価額	単価 / 倍数	価額	分割が確定した財産 取得した人の氏名	取得財産の価額
土地	宅地	自用地	○○市○○1丁目××	264.00㎡ 円	120,000円	6,336,000円	○○花子	6,336,000円
〃	〃	貸家建付地	○○市××2丁目××	300.00㎡	117,998	33,039,440	○○花子	33,039,440
	(小計)					(39,375,440)		
((計))						((39,375,440))		
家屋構築物	家屋	自用家屋	○○市○○1丁目××	120㎡ 2,500,000	1	2,500,000	○○花子	2,500,000
〃	家屋	貸屋	○○市××2丁目××	240㎡ 6,000,000	0.7	4,200,000	○○花子	4,200,000
((計))						((6,700,000))		
事業用財産	構築物	舗装工事	○○市××2丁目××			(800,000)	○○花子	800,000
	(小計)					((800,000))		
((計))								
有価証券	その他の株式	出資金	○○農業協同組合	100口	1,000	100,000	○○花子	100,000
〃	〃	出資金	○○信用金庫	100口	500	50,000	○○花子	50,000
〃	〃	○○建設	○○証券	10,000株	400	4,000,000	○○長男	4,000,000
	(小計)					(4,150,000)		
〃	公債、社債	10年利付国債第○回	○○証券			2,500,000	○○長男	2,500,000
	(小計)					(2,500,000)		
((計))						((6,650,000))		
現金預金等	預金等	普通預金	○○農協○○支店			800,000	○○花子	800,000
〃	〃	定期貯金	○○農協○○支店			8,003,500	○○花子	8,003,500
〃	〃	普通預金				450,000	○○花子	450,000

合計表		(各人の合計)	○○花子	○○長女	○○長男		
財産を取得した人の氏名							
分割財産の価額	①	85,352,390円	62,350,890円	11,501,500円	11,500,000円	円	円
未分割財産の価額	②						
各人の取得財産の価額（①＋②）	③	85,352,390	62,350,890	11,501,500	11,500,000		

（注）1 「合計表」の各人の③欄の金額を第1表のその人の「取得財産の価額①」欄に転記します。

2 「財産の明細」の「価額」欄は、財産の細目、種類ごとに小計及び計を付し、最後に合計を付して、それらの金額を第15表の①から㉘までの該当欄に転記します。

名義預金があれば記入します。

金庫などに保管していた現金や相続開始直前に口座から引き出したお金も記入します。

平成28年の電話加入権の評価額は1,500円（１加入当たり）です。

被相続人が保険料を支払っていた保険契約も相続財産となります。解約返戻金を記入します。

花子さんから長女に代償金を500万円支払う場合の記入例です。

相続税がかかる財産の明細書

（相続時精算課税適用財産を除きます。）

被相続人	○○太郎

第11表（平成21年4月分以降用）

○相続時精算課税適用財産の明細については、この表によらず第11の2表に記載します。

この表は、相続や遺贈によって取得した財産及び相続や遺贈によって取得したものとみなされる財産のうち、相続税のかかるものについての明細を記入します。

遺産の分割状況	区分	1 全部分割	2 一部分割	3 全部未分割
	分割の日	XX・XX・XX	・ ・	

財産の明細							分割が確定した財産	
種類	細目	利用区分、銘柄等	所在場所等	数量 固定資産税評価額	単価 倍数	価額	取得した人の氏名	取得財産の価額
				円	円	円		円
預金預貯金等	預貯金等	定期預金	○○信用金庫 ○○支店			3,000,450	○○花子	3,000,450
〃	〃	普通預金	○○銀行○○支店			500,000	○○長女	500,000
〃	〃	定期預金	○○銀行○○支店			4,001,500	○○長女	4,001,500
〃	〃	通常貯金 花子名義	ゆうちょ銀行			7,100,000	○○花子	7,100,000
〃	手許現金					500,000	○○花子	500,000
((計))						((24,355,450))		
家庭用財産	家財道具一式		○○市○○1丁目XX			300,000	○○花子	300,000
〃	電話加入権		○○市○○1丁目XX			1,500	○○花子	1,500
((計))						((301,500))		
その他の財産	生命保険等	解約返戻金	○○生命			2,000,000	○○長女	2,000,000
〃	その他	ゴルフ会員権 ○○カントリー	○○市XX			5,000,000	○○長男	5,000,000
〃	〃	未収家賃	○○市XX2丁目XX			170,000	○○花子	170,000
	(小計)					(7,170,000)		
((計))						((7,170,000))		
代償財産	代償財産	現金				△5,000,000	○○花子	△5,000,000
〃	〃	現金				5,000,000	○○長女	5,000,000
((計))						((0))		
((合計))						((85,352,390))		

合計表		(各人の合計)					
財産を取得した人の氏名							
分割財産の価額	①	円	円	円	円	円	円
未分割財産の価額	②						
各人の取得財産の価額（①＋②）	③						

（注）1 「合計表」の各人の③欄の金額を第1表のその人の「取得財産の価額①」欄に転記します。
2 「財産の明細」の「価額」欄は、財産の細目、種類ごとに小計及び計を付し、最後に合計を付して、それらの金額を第15表の①から㉘までの該当欄に転記します。

小規模宅地等の特例の対象になり得る宅地等（特定居住用宅地等、特定事業用宅地等、特定同族会社事業用宅地等、貸付事業用宅地等）を取得した全ての人の名前を記入します（全員の同意がなければ、この特例の適用を受けることはできません）。

自宅のある宅地について特例の適用を受ける場合は「1」を記入します。

減額される金額を記入します。
31,680,000×80％＝25,344,000

「土地及び土地の上に存する権利の評価明細書」から転記します。

貸付事業用について特例の適用を受ける場合は「4」を記入します。

小規模宅地等のうちに貸付事業用宅地等がある場合、調整計算が必要になります。
居住用宅地264㎡に貸付事業用40㎡を評価減の対象とした場合の記載例です。

小規模宅地等についての課税価格の計算明細書

FD3545

被相続人	○○太郎

第11・11の2表の付表1（平成27年分以降用）

○この申告書は機械で読み取りますので、黒ボールペンで記入してください。

この表は、小規模宅地等の特例（租税特別措置法第69条の4第1項）の適用を受ける場合に記入します。
なお、被相続人から、相続、遺贈又は相続時精算課税に係る贈与により取得した財産のうちに、「特定計画山林の特例」又は「特定事業用資産の特例」の対象となり得る財産がある場合には、第11・11の2表の付表2を作成します（第11・11の2表の付表2を作成する場合には、この表の「1 特例の適用にあたっての同意」欄の記入を要しません。）。

1 特例の適用にあたっての同意

この欄は、小規模宅地等の特例の対象となり得る宅地等を取得した全ての人が次の内容に同意する場合に、その宅地等を取得した全ての人の氏名を記入します。

私(私たち)は、「2 小規模宅地等の明細」の①欄の取得者が、小規模宅地等の特例の適用を受けるものとして選択した宅地等又はその一部（「2 小規模宅地等の明細」の⑤欄で選択した宅地等）の全てが限度面積要件を満たすものであることを確認の上、その取得者が小規模宅地等の特例の適用を受けることに同意します。

氏名			
	○○花子		

（注）1 小規模宅地等の特例の対象となり得る宅地等を取得した全ての人の同意がなければ、この特例の適用を受けることはできません。
2 上記の各欄に記入しきれない場合には、第11・11の2表の付表1（続）を使用します。

2 小規模宅地等の明細

この欄は、小規模宅地等についての特例の対象となり得る宅地等を取得した人のうち、その特例の適用を受ける人が選択した小規模宅地等の明細等を記載し、相続税の課税価格に算入する価額を計算します。

「小規模宅地等の種類」欄は、選択した小規模宅地等の種類に応じて次の1～4の番号を記入します。
小規模宅地等の種類：1 特定居住用宅地等、2 特定事業用宅地等、3 特定同族会社事業用宅地等、4 貸付事業用宅地等

	小規模宅地等の種類（1～4の番号を記入します。）			
		① 特例の適用を受ける取得者の氏名〔事業内容〕	⑤ ③のうち小規模宅地等（「限度面積要件」を満たす宅地等）の面積	
		② 所在地番	⑥ ④のうち小規模宅地等（④×⑤/③）の価額	
		③ 取得者の持分に応ずる宅地等の面積	⑦ 課税価格の計算に当たって減額される金額（⑥×⑨）	
		④ 取得者の持分に応ずる宅地等の価額	⑧ 課税価格に算入する価額（④－⑦）	
選択した小規模宅地等	1	① ○○花子〔 〕	⑤ 264.00	㎡
		② ○○市○○1丁目XX	⑥ 31680000	円
		③ 264.00 ㎡	⑦ 25344000	円
		④ 31680000 円	⑧ 6336000	円
	4	① ○○花子〔 〕	⑤ 40.00	㎡
		② ○○市○○2丁目XX	⑥ 4719920	円
		③ 300.00 ㎡	⑦ 2359960	円
		④ 35399400 円	⑧ 33039440	円
		①〔 〕	⑤ .	㎡
		②	⑥	円
		③ . ㎡	⑦	円
		④ 円	⑧	円

（注）1 ①欄の〔 〕は、選択した小規模宅地等が被相続人等の事業用宅地等(2、3又は4)である場合に、相続開始の直前にその宅地等の上で行われていた被相続人等の事業について、例えば、飲食サービス業、法律事務所、貸家などのように具体的に記入します。
2 小規模宅地等を選択する一の宅地等が共有である場合又は一の宅地等が貸家建付地である場合において、その評価額の計算上「賃貸割合」が1でないときには、第11・11の2表の付表1（別表）を作成します。
3 ⑧欄の金額を第11表の「財産の明細」の「価額」欄に転記します。
4 上記の各欄に記入しきれない場合には、第11・11の2表の付表1（続）を使用します。

○ 「限度面積要件」の判定

上記「2 小規模宅地等の明細」の⑤欄で選択した宅地等の全てが限度面積要件を満たすものであることを、この表の各欄を記入することにより判定します。

小規模宅地等の区分		被相続人等の居住用宅地等	被相続人等の事業用宅地等		
小規模宅地等の種類		1 特定居住用宅地等	2 特定事業用宅地等	3 特定同族会社事業用宅地等	4 貸付事業用宅地等
⑨ 減額割合		80/100	80/100	80/100	50/100
⑩ ⑤の小規模宅地等の面積の合計		264.00 ㎡	㎡	㎡	40.00 ㎡
⑪ 限度面積	イ 小規模宅地等のうちに4貸付事業用宅地等がない場合	〔1の⑩の面積〕 ≦330㎡	〔2の⑩及び3の⑩の面積の合計〕 ㎡ ≦ 400㎡		
	ロ 小規模宅地等のうちに4貸付事業用宅地等がある場合	〔1の⑩の面積〕 264.00 ㎡ × 200/330 ＋	〔2の⑩及び3の⑩の面積の合計〕 ㎡ × 200/400 ＋		〔4の⑩の面積〕 40.00 ㎡ ≦ 200㎡

（注）限度面積は、小規模宅地等の種類(「4 貸付事業用宅地等」の選択の有無)に応じて、⑪欄（イ又はロ）により判定を行います。「限度面積要件」を満たす場合に限り、この特例の適用を受けることができます。

※の項目は記入する必要がありません。

※ 税務署整理欄	年分		名簿番号		申告年月日		一連番号		グループ番号		補完	

第11・11の2表の付表1（平成28.7）　　（資4－20－12－3－1－A4統一）

「種類」は公租公課、借入金、未払金、買掛金、その他に区分します。

「細目」は公租公課、借入金、未払金などの発生原因等を記入します。

負担する金額を記入します。

債務を負担する人の氏名を記入します。

葬式費用の支払先、支払年月日、金額、負担者を記入します。

各人の債務・葬式費用の合計額を記入します。

第１表の③に転記します。

債務及び葬式費用の明細書

被相続人	○○太郎

第13表（平成21年4月分以降用）

1　債務の明細（この表は、被相続人の債務について、その明細と負担する人の氏名及び金額を記入します。）

債務の明細						負担することが確定した債務	
種類	細目	債権者 氏名又は名称	債権者 住所又は所在地	発生年月日 弁済期限	金額	負担する人の氏名	負担する金額
敷金		○○ ○○○	○○市××2丁目××	・・ ・・	円 600,000	○○花子	円 600,000
公租公課	住民税	○○市		・・ ・・	209,000	○○花子	209,000
〃	固定資産税	○○市		・・ ・・	1,200,000	○○花子	1,200,000
〃	準確定申告	○○税務署		・・ ・・	68,000	○○花子	68,000
未払金	医療費等	○○病院	○○市○○3丁目××	・・ ・・	60,000	○○花子	60,000
銀行借入金	証書借入れ	○○銀行	○○市○○4丁目××	・・ ・・	12,000,000	○○花子	12,000,000
合計					14,137,000		

2　葬式費用の明細（この表は、被相続人の葬式に要した費用について、その明細と負担する人の氏名及び金額を記入します。）

葬式費用の明細				負担することが確定した葬式費用	
支払先 氏名又は名称	支払先 住所又は所在地	支払年月日	金額	負担する人の氏名	負担する金額
○○寺	○○市××3丁目○○ 御布施	28・・	円 500,000	○○花子	円 500,000
○○葬儀センター	○○市○○2丁目××	28・・	2,400,000	○○花子	2,400,000
○○商店	○○市○○4丁目××	28・・	150,000	○○花子	150,000
○○タクシー		28・・	15,000	○○花子	15,000
お礼その他		・・	56,000	○○花子	56,000
		・・			
合計			3,121,000		

3　債務及び葬式費用の合計額

債務などを承継した人の氏名			(各人の合計)	○○花子			
債務	負担することが確定した債務	①	円 14,137,000	円 14,137,000	円	円	円
債務	負担することが確定していない債務	②					
債務	計（①＋②）	③	14,137,000	14,137,000			
葬式費用	負担することが確定した葬式費用	④	3,121,000	3,121,000			
葬式費用	負担することが確定していない葬式費用	⑤					
葬式費用	計（④＋⑤）	⑥	3,121,000	3,121,000			
合計（③＋⑥）		⑦	17,258,000	17,258,000			

（注）1　各人の⑦欄の金額を第1表のその人の「債務及び葬式費用の金額③」欄に転記します。
2　③、⑥及び⑦欄の金額を第15表の㉝、㉞及び㉟欄にそれぞれ転記します。

相続開始前３年以内の暦年贈与財産額を記入します。

相続開始前３年以内に被相続人から暦年課税による贈与を受けた人について、贈与を受けた年月日、財産の種類、価額を記入します。

相続があった年に配偶者の税額軽減の適用を受けている場合に記入します。（この場合、贈与税の申告が必要です）

第14表（平成27年分以降用）

純資産価額に加算される暦年課税分の贈与財産価額及び特定贈与財産価額 出資持分の定めのない法人などに遺贈した財産 特定の公益法人などに寄附した相続財産・特定公益信託のために支出した相続財産 の明細書

被相続人	○○太郎

1　純資産価額に加算される暦年課税分の贈与財産価額及び特定贈与財産価額の明細

この表は、相続、遺贈や相続時精算課税に係る贈与によって財産を取得した人（注）が、その相続開始前３年以内に被相続人から暦年課税に係る贈与によって取得した財産がある場合に記入します。

（注）　被相続人から租税特別措置法第70条の2の3（直系尊属から結婚・子育て資金の一括贈与を受けた場合の贈与税の非課税）第10項第2号に規定する管理残額以外の財産を取得しなかった人は除きます（相続時精算課税に係る贈与によって財産を取得している人を除く。）。

番号	贈与を受けた人の氏名	贈与年月日	相続開始前3年以内に暦年課税に係る贈与を受けた財産の明細 種類	細目	所在場所等	数量	①価額	② ①の価額のうち特定贈与財産の価額	③ 相続税の課税価格に加算される価額（①－②）
1	○○長女	26・3・3	現金預貯金等	預金	○○市○○1丁目××		3,000,000 円	円	3,000,000 円
2	○○長男	26・3・3	現金預貯金等	預金	○○市○○1丁目××		3,000,000		3,000,000
3		・　・							
4		・　・							

贈与を受けた人ごとの③欄の合計額	氏名	（各人の合計）	○○長女	○○長男		
	④金額	6,000,000 円	3,000,000 円	3,000,000 円	円	円

（上記「②」欄において、相続開始の年に被相続人から贈与によって取得した居住用不動産や金銭の全部又は一部を特定贈与財産としている場合には、次の事項について、「（受贈配偶者）」及び「（受贈財産の番号）」の欄に所定の記入をすることにより確認します。）

（受贈配偶者）　　（受贈財産の番号）

私［　　　　］は、相続開始の年に被相続人から贈与によって取得した上記［　］の特定贈与財産の価額については贈与税の課税価格に算入します。

なお、私は、相続開始の年の前年以前に被相続人からの贈与について相続税法第21条の６第１項の規定の適用を受けていません。

（注）④欄の金額を第１表のその人の「純資産価額に加算される暦年課税分の贈与財産価額⑤」欄及び第15表の㊲欄にそれぞれ転記します。

2　出資持分の定めのない法人などに遺贈した財産の明細

この表は、被相続人が人格のない社団又は財団や学校法人、社会福祉法人、宗教法人などの出資持分の定めのない法人に遺贈した財産のうち、相続税がかからないものの明細を記入します。

遺贈した財産の明細 種類	細目	所在場所等	数量	価額	出資持分の定めのない法人などの所在地、名称
				円	
		合計			

3　特定の公益法人などに寄附した相続財産又は特定公益信託のために支出した相続財産の明細

私は、下記に掲げる相続財産を、相続税の申告期限までに、

(1)　国、地方公共団体又は租税特別措置法施行令第40条の３に規定する法人に対して寄附（租税特別措置法施行令の一部を改正する政令（平成20年政令第161号）附則第57条第１項の規定により、なおその効力を有することとされる旧租税特別措置法施行令第40条の３第１項第２号及び第３号に規定する法人に対する寄附を含みます。）をしましたので、租税特別措置法第70条第1項の規定の適用を受けます。

(2)　租税特別措置法施行令第40条の４第３項の要件に該当する特定公益信託の信託財産とするために支出しましたので、租税特別措置法第70条第３項の規定の適用を受けます。

(3)　特定非営利活動促進法第２条第３項に規定する認定特定非営利活動法人に対して寄附（特定非営利活動促進法の一部を改正する法律（平成23年６月22日法律第70号）附則第10条第４項に規定する旧認定特定非営利活動法人に対し、その法人が行う特定非営利活動促進法第２条第１項に規定する特定非営利活動に係る事業に関連する寄附を含みます。）をしましたので、租税特別措置法第70条第10項の規定の適用を受けます。

寄附（支出）年月日	寄附（支出）した財産の明細 種類	細目	所在場所等	数量	価額	公益法人等の所在地・名称（公益信託の受託者及び名称）	寄附(支出)をした相続人等の氏名
・　・					円		
・　・							
			合計				

（注）この特例の適用を受ける場合には、期限内申告書に一定の受領書、証明書類等の添付が必要です。

財産を取得した人の名前を記入します。

第11表から転記します。

代償財産がある場合、本来取得した財産を区分して㉖に二段書きします。

第13表から転記します。

第14表の④の金額を記入します。

相続財産の種類別価額表（この表は、第11表から第14表までの記載に基づいて記入します。）

FD3535

（単位は円）

〇この申告書は機械で読み取りますので、黒ボールペンで記入してください。

種類	細目	番号	各人の合計	被相続人（氏名）〇〇太郎 / 〇〇花子
※	整理番号		被相続人	
土地（土地の上に存する権利を含みます。）	田	①		
	畑	②		
	宅地	③	39375440	39375440
	山林	④		
	その他の土地	⑤		
	計	⑥	39375440	39375440
	⑥のうち特例農地等　通常価額	⑦		
	⑥のうち特例農地等　農業投資価格による価額	⑧		
家屋、構築物		⑨	6700000	6700000
事業（農業）用財産	機械、器具、農耕具、その他の減価償却資産	⑩	800000	800000
	商品、製品、半製品、原材料、農産物等	⑪		
	売掛金	⑫		
	その他の財産	⑬		
	計	⑭	800000	800000
有価証券	特定同族会社の株式及び出資　配当還元方式によったもの	⑮		
	特定同族会社の株式及び出資　その他の方式によったもの	⑯		
	⑮及び⑯以外の株式及び出資	⑰	4150000	150000
	公債及び社債	⑱	2500000	
	証券投資信託、貸付信託の受益証券	⑲		
	計	⑳	6650000	150000
現金、預貯金等		㉑	24355450	19853950
家庭用財産		㉒	301500	301500
その他の財産	生命保険金等	㉓		
	退職手当金等	㉔		
	立木	㉕		
	その他	㉖	7170000	△5000000 / 170000
	計	㉗	7170000	△4830000
合計（⑥＋⑨＋⑭＋⑳＋㉑＋㉒＋㉗）		㉘	85352390	62350890
相続時精算課税適用財産の価額		㉙		
不動産等の価額（⑥＋⑨＋⑩＋⑮＋⑯＋㉕）		㉚	46875440	46875440
⑯のうち株式等納税猶予対象の株式等の価額の80％の額		㉛		
⑰のうち株式等納税猶予対象の株式等の価額の80％の額		㉜		
債務等	債務	㉝	14137000	14137000
	葬式費用	㉞	3121000	3121000
	合計（㉝＋㉞）	㉟	17258000	17258000
差引純資産価額（㉘＋㉙－㉟）（赤字のときは0）		㊱	68094390	45092890
純資産価額に加算される暦年課税分の贈与財産価額		㊲	6000000	
課税価格（㊱＋㊲）（1,000円未満切捨て）		㊳	74093000	45092000

※の項目は記入する必要がありません。

※税務署整理欄	申告区分	年分	名簿番号	申告年月日	グループ番号

第15表（平成26年分以降用）

代償財産がある場合、本来取得した財産を区分して㉖に二段書きします。

○この申告書は機械で読み取りますので、黒ボールペンで記入してください。

相続財産の種類別価額表（続）（この表は、第11表から第14表までの記載に基づいて記入します。）

FD3536

第15表（続）（平成26年分以降用）

被相続人　〇〇太郎

（単位は円）

種類	細目		番号	（氏名）〇〇長女	（氏名）〇〇長男
※	整理番号				
土地（土地の上に存する権利を含みます。）	田		①		
	畑		②		
	宅地		③		
	山林		④		
	その他の土地		⑤		
	計		⑥		
	⑥のうち特例農地等	通常価額	⑦		
		農業投資価格による価額	⑧		
家屋、構築物			⑨		
事業（農業）用財産	機械、器具、農耕具、その他の減価償却資産		⑩		
	商品、製品、半製品、原材料、農産物等		⑪		
	売掛金		⑫		
	その他の財産		⑬		
	計		⑭		
有価証券	特定同族会社の株式及び出資	配当還元方式によったもの	⑮		
		その他の方式によったもの	⑯		
	⑮及び⑯以外の株式及び出資		⑰		4000000
	公債及び社債		⑱		2500000
	証券投資信託、貸付信託の受益証券		⑲		
	計		⑳		6500000
現金、預貯金等			㉑	4501500	
家庭用財産			㉒		
その他の財産	生命保険金等		㉓		
	退職手当金等		㉔		
	立木		㉕		
	その他		㉖	[illegible]	5000000
	計		㉗	7000000	5000000
合計（⑥＋⑨＋⑭＋⑳＋㉑＋㉒＋㉗）			㉘	11501500	11500000
相続時精算課税適用財産の価額			㉙		
不動産等の価額（⑥＋⑨＋⑩＋⑮＋⑯＋㉕）			㉚		
⑯のうち株式等納税猶予対象の株式等の価額の80％の額			㉛		
⑰のうち株式等納税猶予対象の株式等の価額の80％の額			㉜		
債務等	債務		㉝		
	葬式費用		㉞		
	合計（㉝＋㉞）		㉟		
差引純資産価額（㉘＋㉙－㉟）（赤字のときは0）			㊱	11501500	11500000
純資産価額に加算される暦年課税分の贈与財産価額			㊲	3000000	3000000
課税価格（㊱＋㊲）（1,000円未満切捨て）			㊳	14501000	14500000

※の項目は記入する必要がありません。

※税務署整理欄　申告区分　年分　名簿番号　申告年月日　グループ番号

地目に〇を付けます。

地番を記入します。

地積を記入します。

土地の形状など参考事項を記入します。

路線価図から路線価と地区区分を確認して記入します。

奥行価格補正率表（p.20）から転記します。

利用区分に〇を付けます。

○○ 局(所) △△ 署	
28 年分	58105 ページ

土地及び土地の上に存する権利の評価明細書（第１表）

（平成十六年分以降用）

（住居表示）	（　　　）	所有者	住所（所在地）	○○市○○1丁目XX	使用者	住所（所在地）
所在地番	○○市○○1丁目XX		氏名（法人名）	○○太郎		氏名（法人名）

地目	地積	路線価 正面	路線価 側方	路線価 側方	路線価 裏面	地形図及び参考事項
(宅地) 原野 田 雑種地 畑 山林［　］	264.00 ㎡	120,000 円	円	円	円	15m 宅地 17.6m 120C

間口距離	15.00 m	利用区分	(自用地) 貸宅地 貸家建付地 借地権 私道	貸家建付借地権 転貸借地権 転借権 借家人の有する権利 （　　　）	地区区分	ビル街地区 (普通住宅地区) 高度商業地区 中小工場地区 繁華街地区 大工場地区 普通商業・併用住宅地区
奥行距離	17.6 m					

自用地1平方メートル当たりの価額	計算	（1㎡当たりの価額）円	記号
1 一路線に面する宅地	（正面路線価）120,000 円 ×（奥行価格補正率）1.00	120,000	A
2 二路線に面する宅地	（A）　円 ＋（［側方・裏面 路線価］　円 ×（奥行価格補正率）. ×［側方・二方 路線影響加算率］0.　）		B
3 三路線に面する宅地	（B）　円 ＋（［側方・裏面 路線価］　円 ×（奥行価格補正率）. ×［側方・二方 路線影響加算率］0.　）		C
4 四路線に面する宅地	（C）　円 ＋（［側方・裏面 路線価］　円 ×（奥行価格補正率）. ×［側方・二方 路線影響加算率］0.　）		D
5-1 間口が狭小な宅地等	（AからDまでのうち該当するもの）　円 ×（（間口狭小補正率）. ×（奥行長大補正率）.　）		E
5-2 不整形地	（AからDまでのうち該当するもの）　円 × 不整形地補正率※ 0. ※不整形地補正率の計算 （想定整形地の間口距離）m ×（想定整形地の奥行距離）m ＝（想定整形地の地積）㎡ （（想定整形地の地積）㎡ －（不整形地の地積）㎡）÷（想定整形地の地積）㎡ ＝（かげ地割合）% （不整形地補正率表の補正率）0. ×（間口狭小補正率）. ＝（小数点以下2位未満切捨て）0.　① （奥行長大補正率）. ×（間口狭小補正率）. ＝ 0.　② ［不整形地補正率（①、②のいずれか低い率、0.6を限度とする。）］0.		F
6 無道路地	（F）　円 ×（1 －（※）0.　） ※割合の計算（0.4を限度とする。） （（正面路線価）　円×（通路部分の地積）　㎡）÷（（F）　円×（評価対象地の地積）　㎡）＝ 0.		G
7 がけ地等を有する宅地 ［南、東、西、北］	（AからGまでのうち該当するもの）　円 ×（がけ地補正率）0.		H
8 容積率の異なる2以上の地域にわたる宅地	（AからHまでのうち該当するもの）　円 ×（1 －（控除割合（小数点以下3位未満四捨五入））0.　）		I
9 私道	（AからIまでのうち該当するもの）　円 × 0.3		J

自用地の評価額	自用地1平方メートル当たりの価額（AからJまでのうちの該当記号）	地積	総額（自用地1㎡当たりの価額）×（地積）	
	（A）120,000 円	264.00 ㎡	31,680,000 円	K

（注）1　5－1の「間口が狭小な宅地等」と5－2の「不整形地」は重複して適用できません。
2　5－2の「不整形地」の「AからDまでのうち該当するもの」欄の金額について、AからDまでの欄で計算できない場合には、（第2表）の「備考」欄等で計算してください。
3　広大地を評価する場合には、（第2表）の「広大地の評価額」欄で計算してください。

（資4－25－1－A4統一）

正面と側方に路線のある宅地（角地）は加算率表により加算されます。

側方路線影響加算率表

地区区分	加算率	
	角地の場合	準角地の地区
ビル街地区	0.07	0.03
高度商業地区 繁華街地区	0.10	0.05
普通商業・併用住宅地区	0.08	0.04
普通住宅地区 中小工場地区	0.03	0.02
大工場地区	0.02	0.01

（注）　準角地とは、次図のように一系統の路線の屈折部の内側に位置するものをいう。

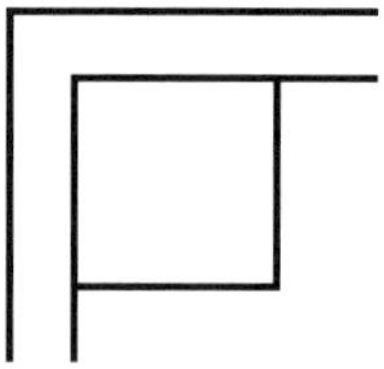

☆　裏面に路線のある宅地は、二方路線影響加算率表により加算されます。

二方路線影響加算率表

地区区分	加算率
ビル街地区	0.03
高度商業地区 繁華街地区	0.07
普通商業・併用住宅地区	0.05
普通住宅地区 中小工場地区 大工場地区	0.02

土地及び土地の上に存する権利の評価明細書（第１表）

局（所）	署
28 年分	ページ

（平成十六年分以降用）

（住居表示）（　　） 所在地番	○○市××2丁目××	所有者	住所（所在地）	○○市○○1丁目××	使用者	住所（所在地）
			氏名（法人名）	○○太郎		氏名（法人名）

地目	地積	路線価 正面	側方	側方	裏面
(宅地)〔circled〕 原野 田 雑種地 畑 山林［　］	300.00 ㎡	140,000 円	130,000 円	円	円

地形図及び参考事項

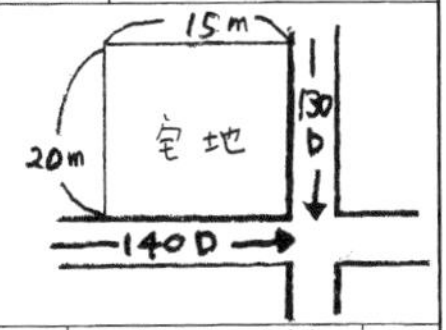

間口距離	15.00 m	利用区分	自用地　貸家建付借地権　貸宅地　転貸借地権　貸家建付地（circled）　転借権　借地権　借家人の有する権利　私道（　　）
奥行距離	20.00 m	地区区分	ビル街地区　普通住宅地区（circled）　高度商業地区　中小工場地区　繁華街地区　大工場地区　普通商業・併用住宅地区

自用地1平方メートル当たりの価額

		記号
1　一路線に面する宅地 （正面路線価）　（奥行価格補正率） 140,000 円 × 1.00	（1㎡当たりの価額）円 140,000	A
2　二路線に面する宅地 （A）　［側方（circled）・裏面 路線価］　（奥行価格補正率）　［側方（circled）・二方 路線影響加算率］ 140,000 円 ＋（130,000 円 × 1.00 × 0.03）	（1㎡当たりの価額）円 143,900	B
3　三路線に面する宅地 （B）　［側方・裏面 路線価］　（奥行価格補正率）　［側方・二方 路線影響加算率］ 円 ＋（　円 × ． × 0.　）	（1㎡当たりの価額）円	C
4　四路線に面する宅地 （C）　［側方・裏面 路線価］　（奥行価格補正率）　［側方・二方 路線影響加算率］ 円 ＋（　円 × ． × 0.　）	（1㎡当たりの価額）円	D
5-1　間口が狭小な宅地等 （AからDまでのうち該当するもの）（間口狭小補正率）（奥行長大補正率） 円 ×（ ． × ． ）	（1㎡当たりの価額）円	E
5-2　不整形地 （AからDまでのうち該当するもの）　不整形地補正率※ 円 × 0. ※不整形地補正率の計算 （想定整形地の間口距離）（想定整形地の奥行距離）（想定整形地の地積） m × m ＝ ㎡ （想定整形地の地積）（不整形地の地積）（想定整形地の地積）（かげ地割合） （ ㎡ － ㎡）÷ ㎡ ＝ ％ （不整形地補正率表の補正率）（間口狭小補正率）（小数点以下2位未満切捨て） 0. × ． ＝ 0.　① （奥行長大補正率）（間口狭小補正率） ． × ． ＝ 0.　② ［不整形地補正率（①、②のいずれか低い率、0.6を限度とする。）］ 0.	（1㎡当たりの価額）円	F
6　無道路地 （F）　（※） 円 ×（ 1 － 0.　） ※割合の計算（0.4を限度とする。） （正面路線価）（通路部分の地積）（F）（評価対象地の地積） （ 円× ㎡）÷（ 円× ㎡）＝ 0.	（1㎡当たりの価額）円	G
7　がけ地等を有する宅地　〔南、東、西、北〕 （AからGまでのうち該当するもの）（がけ地補正率） 円 × 0.	（1㎡当たりの価額）円	H
8　容積率の異なる２以上の地域にわたる宅地 （AからHまでのうち該当するもの）（控除割合（小数点以下3位未満四捨五入）） 円 ×（ 1 － 0.　）	（1㎡当たりの価額）円	I
9　私道 （AからIまでのうち該当するもの） 円 × 0.3	（1㎡当たりの価額）円	J

自用地の評価額	自用地1平方メートル当たりの価額（AからJまでのうちの該当記号）	地積	総額（自用地1㎡当たりの価額）×（地積）	
	（B） 143,900 円	300.00 ㎡	43,170,000 円	K

（注）1　5－1の「間口が狭小な宅地等」と5－2の「不整形地」は重複して適用できません。
2　5－2の「不整形地」の「AからDまでのうち該当するもの」欄の金額について、AからDまでの欄で計算できない場合には、（第2表）の「備考」欄等で計算してください。
3　広大地を評価する場合には、（第2表）の「広大地の評価額」欄で計算してください。

（資4－25－1－A4統一）

203ページで計算した自用地の評価額を記入します。

賃貸割合を記入します。

借家権割合（0.3）を記入します。

路線価図で該当地の借地権割合を確認し記入します。

記号	借地権割合	記号	借地権割合
A	90%	E	50%
B	80%	F	40%
C	70%	G	30%
D	60%		

22ページ路線価図の上の方に
小さく掲載されています。

宅地の上に存する権利の区分別に評価します。

土地及び土地の上に存する権利の評価明細書（第２表）

（平成十六年分以降用）

広大地の評価額	（正面路線価）　円 ×（（広大地補正率）※端数処理はしない　0.6－0.05×地積（　　）㎡ / 1,000㎡）×（地　積）　㎡	（自用地の評価額）　円	L
セットバックを必要とする宅地の評価額	（自用地の評価額）　円 －（（自用地の評価額）　円 ×（該当地積）㎡ / （総地積）㎡ × 0.7）	（自用地の評価額）　円	M
都市計画道路予定地の区域内にある宅地の評価額	（自用地の評価額）　円 × 0.（補正率）	（自用地の評価額）　円	N

大規模工業用地等の評価額	○ 大規模工業用地等 （正面路線価）　円 ×（地　積）　㎡ ×（地積が20万㎡以上の場合は0.95）	円	O
	○ ゴルフ場用地等 （宅地とした場合の価額）（地積）　（　円 ×　㎡×0.6）－（（1㎡当たりの造成費）　円×（地積）　㎡）	円	P

	利用区分	算　式	総　額	記号
総額計算による価額	貸宅地	（自用地の評価額）　円 ×（1－ 0.（借地権割合））	円	Q
	貸家建付地	（自用地の評価額又はＳ）43,170,000円 ×（1－ 0.60（借地権割合）×0.30（借家権割合）× 350㎡/350㎡（賃貸割合））	35,399,400 円	R
	（　）目的となっている土地の権	（自用地の評価額）　円 ×（1－ 0.（　　割合））	円	S
	借地権	（自用地の評価額）　円 × 0.（借地権割合）	円	T
	貸家建付借地権	（T, AA のうちの該当記号）（　）　円 ×（1－ 0.（借家権割合）× ㎡/㎡（賃貸割合））	円	U
	転貸借地権	（T, AA のうちの該当記号）（　）　円 ×（1－ 0.（借地権割合））	円	V
	転借権	（T, U, AA のうちの該当記号）（　）　円 × 0.（借地権割合）	円	W
	借家人の有する権利	（T, W, AA のうちの該当記号）（　）　円 × 0.（借家権割合）× ㎡/㎡（賃借割合）	円	X
	（　）権	（自用地の評価額）　円 × 0.（　　割合）	円	Y
	土地する権利が競合する場合の	（Q, Sのうちの該当記号）（　）　円 ×（1－ 0.（　　割合））	円	Z
	他の権利と競合する場合の権利	（T, Yのうちの該当記号）（　）　円 ×（1－ 0.（　　割合））	円	AA
備考				

（注）1　区分地上権と区分地上権に準ずる地役権とが競合する場合については、備考欄等で計算してください。
2　「広大地の評価額」と「セットバックを必要とする宅地の評価額」は重複して適用できません。

（資4－25－2－Ａ4統一）

[著者略歴]

平田久美子（ひらた　くみこ）

税理士・CFP®
筑波大学（都市計画専攻）卒業後、東京都庁に就職、
2001年税理士登録、
2006年東京都千代田区に平田久美子税理士事務所を開設（http://www.tax-hirata.jp/）、
相続税の申告・相談に多数の実績がある。

主な執筆等

『JA共済あんしんサポートブック』（監修）JA共済
『事業承継の法律実務と税務Q＆A』（共著）青林書院
『保険税務Q＆A』（共著）税務研究会

相続税相談所
気になる方はご遠慮なくお立ち寄りください。

2017年1月10日　第1版第1刷発行
2018年6月20日　第1版第3刷発行

著　者　平田久美子
発行者　山本　継
発行所　㈱中央経済社
発売元　㈱中央経済グループパブリッシング

〒101-0051　東京都千代田区神田神保町1-31-2
電話　03（3293）3371（編集代表）
03（3293）3381（営業代表）
http://www.chuokeizai.co.jp/
印刷／昭和情報プロセス㈱
製本／誠製本㈱

ISBN978-4-502-20771-6　C3034